公路工程项目管理与养护研究

蓝志洋　刘培俭　徐　聪　著

北京工业大学出版社

图书在版编目(CIP)数据

公路工程项目管理与养护研究 / 蓝志洋，刘培俭，

徐聪著. -- 北京 ：北京工业大学出版社，2024. 12.

ISBN 978-7-5639-8721-4

Ⅰ. U41

中国国家版本馆CIP数据核字第2024V5Q998号

公路工程项目管理与养护研究
GONGLU GONGCHENG XIANGMU GUANLI YU YANGHU YANJIU

著　　者： 蓝志洋　刘培俭　徐　聪

责任编辑： 付　存

封面设计： 阿　苏

出版发行： 北京工业大学出版社

　　　　　　（北京市朝阳区平乐园100号 邮编：100124）

　　　　　　010-67391722（传真）bgdcbs@sina.com

经销单位： 全国各地新华书店

承印单位： 河北文盛印刷有限公司

开　　本： 700毫米 ×1000毫米 1/16

印　　张： 9.5

字　　数： 200千字

版　　次： 2024年12月第1版

印　　次： 2025年1月第1次印刷

标准书号： ISBN 978-7-5639-8721-4

定　　价： 58.00元

前　言

随着国家基础设施建设的不断推进，公路工程作为连接城乡、促进经济发展的重要纽带，其建设质量与运营效率日益受到社会各界的广泛关注。公路工程项目管理与养护，作为确保公路安全畅通、延长使用寿命的关键环节，已成为当前交通建设领域研究的热点之一。本书正是在这一背景下应运而生，旨在深入探讨公路工程项目管理的科学方法与养护技术的最新进展。

本书内容全面而深入，不仅涵盖了公路工程的基本概念、发展历程及建设程序等基础知识，还重点分析了公路工程项目成本管理、施工组织与进度管理、招投标与合同管理等多个关键环节的实践策略。同时，针对公路工程在使用过程中可能出现的各种问题，本书还详细探讨了路基路面、桥涵隧道等构造物的养护管理技术，以及公路自然灾害防治、交通安全及沿线设施养护等综合性养护策略。这些内容共同构成了公路工程项目管理与养护的完整体系，为相关领域从业人员提供了系统的知识框架和实践指导。

本书注重理论与实践的紧密结合，既深入剖析了公路工程项目管理与养护的理论基础，阐述了各项管理技术与养护措施的具体应用。同时，本书还注重知识的更新与拓展，紧跟行业发展趋势，介绍了最新的管理理念、技术手段和研究成果，力求为读者提供前沿、实用的信息。

本书可供广大公路工程从业人员参考和借鉴，对于提升公路工程项目管理水平、优化养护技术、促进公路事业可持续发展具有重要意义。同时，我们也期待本书的出版能够激发更多关于公路工程项目管理与养护的深入研究与探讨，共同推动交通建设事业的繁荣与进步。

本书在写作的过程中得到许多专家学者的指导和帮助，在此致以诚挚的谢意。书中所涉及的内容难免有不足之处，希望读者和专家能够批评指正，以待进一步修改。

目　录

第一章　公路工程概论 ··· 1
　第一节　公路的发展与组成 ··· 1
　第二节　公路建设的内容及特点 ····································· 5
　第三节　公路工程的建设程序 ······································· 8
第二章　公路工程项目的成本管理 ····································· 14
　第一节　公路工程项目成本管理概述 ································ 14
　第二节　公路工程项目的成本管理体系研究 ·························· 18
　第三节　公路工程项目成本计划及控制管理 ·························· 25
第三章　公路工程的施工组织与进度管理 ······························· 36
　第一节　公路工程施工方案的确定 ·································· 36
　第二节　公路工程施工组织设计的编制 ······························ 44
　第三节　公路工程施工进度的控制管理 ······························ 48
第四章　公路工程项目的招投标与合同管理 ····························· 53
　第一节　公路工程项目施工的招标与投标管理 ························ 53
　第二节　公路工程项目招投标的开标、评标与定标 ···················· 72
　第三节　公路工程项目的施工合同与合同管理 ························ 79
第五章　公路工程路基路面的养护管理工作 ····························· 84
　第一节　公路工程中路基的养护管理 ································ 84
　第二节　公路工程沥青路面的养护管理 ······························ 89
　第三节　公路工程水泥混凝土路面的养护管理 ························ 98
第六章　公路工程构造物与交通设施的养护 ····························· 105
　第一节　桥涵与隧道构造物的养护工作 ······························ 105
　第二节　公路自然灾害的防治工作 ·································· 124
　第三节　公路交通安全及沿线设施的养护 ···························· 133
参考文献 ·· 141
结束语 ·· 145

第一章 公路工程概论

随着社会经济的飞速发展，公路作为连接城乡、促进区域融合的纽带，其重要性日益凸显。本章首先追溯公路的历史演变与现代化进程，阐述其不可或缺的交通基础设施地位；其次，详细解析公路的组成结构，从路基、路面到桥梁隧道，组成公路的每一部分都承载着安全与效率的重任；再次，探讨公路建设的内容多样性及其技术挑战，展现其作为综合性工程的独特魅力；最后，通过梳理公路工程的建设程序，揭示从规划到竣工的严谨流程，强调科学管理在保障工程质量与进度中的关键作用。本章不仅为初学者奠定坚实的知识基础，也为行业从业者提供了深入思考与实践的广阔空间。

第一节 公路的发展与组成

我国经济飞速发展，互联网商业逐渐发达，依靠公路交通运输的行业也不断增加。交通运输业不断发展，有效推动了我国国民经济快速增长，交通成为经济发展的有效推力，公路工程是交通运输业的核心部分，只有良好的公路质量才能确保交通运输安全稳定。

一、我国公路的发展

（一）我国公路运输的地位和特点

由于我国幅员辽阔、物产丰富、人口众多，因此需要有一个四通八达且完善的交通运输体系，以进一步促进国民经济的发展，提高人们的物质文化生活水平。

1. 我国公路运输的重要地位

公路运输是将工业与农业、城市与乡村的生产和消费联系起来的纽带。因此，要实现中国式现代化，交通运输现代化是必不可少的，这也是经济建设和发展的客观规律。

现代交通运输系统由铁路、水路、航空、管道和公路五种运输方式组成，它们各司其职，相互联系与合作，共同承担国家建设所需的原材料及产品的集散、城乡物资的交流及生产和生活必需品的运输任务。

（1）铁路运输。对于远程的大宗货物及人流运输起着主要的作用。铁路运输因其运输量大、成本相对较低，适合长距离运输。

（2）水路运输。在通航的地区，水路运输是低价运输的首选。水路运输适合大宗货物的运输，尤其是在沿海和沿河地区。

（3）航空运输。以其快速性著称，主要负责运送旅客和贵重、紧急物品，适合急需快速送达的货物和人员。

（4）管道运输。多用于运输液态、气态以及散装物品（如石油、天然气等）。管道运输是一种高效、安全的运输方式，尤其适合长距离输送能源。

（5）公路运输。具有机动、灵活、直达、迅速、适应性强和服务面广的特点，对于客货运输，特别是短距离的运输，其经济效益尤为显著。

以上五种运输方式，在技术经济上各有特点，各自适应着一定的自然地理条件和各类运输需求。它们在发展社会主义商品经济中，相互分工、相互连接、取长补短、协调发展，形成了统一的综合运输体系，为社会主义建设事业发挥了巨大的作用。

公路运输在交通运输体系中占有较大的比重，是短途客货运输的主力。在缺乏铁路、水路或这类运输不是很发达的地区，公路运输成为运输的主体。随着国民经济的不断发展，特别是汽车专用公路（如高速公路、一级公路等）里程的增加，公路运输在经济建设和社会服务等各方面的重要作用日益突出，并展现出广阔的发展前景。

2. 我国公路运输的显著特点

公路运输作为一种重要的交通方式，在现代物流体系中占据着举足轻重的地位。其显著特点包括资金周转速度快、社会效益显著、机动灵活性强、适应性广、服务面宽等。这些特性使得公路运输在多种运输方式中具有独特的优势。

公路运输的资金周转速度较快，这一点在经济效益上表现尤为突出。其社会效益同样显著，能够为社会提供广泛的服务，满足不同地区和不同需求的运输任务。这种快速的资金周转和显著的社会效益，使得公路运输在经济活动中扮演着不可或缺的角色。

在机动灵活性方面，公路运输能够根据需求在指定的时间和地点迅速集中或分散货物。这种灵活性使得公路运输在应对紧急或特殊运输需求时具有明显优势，能够有效地提高运输效率和响应速度。

公路运输的直接装卸方式，使其能够深入货物集散点，减少中转环节，从而节约时间和费用，同时也减少货物在运输过程中的损耗。对于短途运输而言，这种直接装卸的方式尤其能够提高运输效益，使得公路运输在短途运输中更具竞争力。

公路运输的适应性强、服务面广，能够覆盖到边远山区、小镇以及各类工矿企业的场地和厂区。这种广泛的服务面使得公路运输在满足不同地区和不同类型货物的运输需求方面具有显著优势。与其他交通运输方式相比，公路运输的局限性较小，受固定交通设施的限制也较小，这进一步增强了其在运输市场中的竞争力。

尽管公路运输在单位运量和运输成本方面相对较高，但随着汽车制造技术的进步、公路技术等级的提升以及运输组织管理的改善，这些缺点正在逐渐被克服。近年来，随着高等级公路的迅速发展，汽车运输速度的提升和载重量的增大，公路运输已经成为一种被广泛采用的运输方式。公路运输在运输效率、灵活性和覆盖范围上的优势，使得其在现代物流体系中具有不可替代的地位。

（二）我国公路技术的发展规划

自中华人民共和国成立以来，我国公路技术的发展取得了显著成就，这主要体现在以下方面。

第一，公路养护体系的建立，为公路的正常运营提供了坚实的保障。交通科研体系的构建和交通教育的规模化，为公路技术的发展奠定了坚实的基础。公路设计理论的发展、施工养护技术和机械化水平的显著提升，展示了中国在公路建设领域的技术进步。此外，中国在渣油路面、双曲拱桥、钻孔灌注桩、高原冻土带沥青铺筑等方面取得了具有本国特色的创新成果。

第二，交通系统职工队伍的壮大和素质的提高，使其不仅在国内公路建设中发挥了重要作用，还在国际经援任务中展现了中国的技术实力和对国际友谊的贡献。随着交通量的增长和车速的提升，中国在公路新线的建设中，也对原有公路进行了大规模的技术改造，这些改造有效降低了养护成本，提高了运输效率，延长了大修间隔里程，降低了运输成本。

第三，科研方面解放思想，实事求是，尊重科学技术，讲求实效，进一步加速了公路网的建设和提升了公路施工技术。科研工作者从中国的国情和公路交通的特点出发，积极学习国内外的先进经验和技术，采用新理论、新技术、新工艺、新材料，推动公路测量、设计、施工、养护的科技水平向前发展。管理方面坚持全面规划，统筹安排，充分调动各方面的积极性，贯彻自力更生、艰苦奋斗的原则，制定专业队伍与民工建勤相结合、国家投资与地方集资相结合的方针，充分调动各方面的积极因素，努力提升中国公路技术。

第四，公路网的完善促进公路运输效益提高和国民经济发展。中国的国道主干线规划研究已经完成，该规划紧密结合国情，面向未来，利用系统工程理论，提出了解决公路交通紧张的关键策略。国道主干线作为全国公路网的主骨架，建成后将显著改善综合运输结构，提高运输效率，缓解交通紧张局面，带来显著的经济效益。中国历时 17 年修建"五纵、七横"共 12 条主干线，形成快速、安全的国道主干线系统，为国民经济的发展提供了强有力的支撑。

二、公路的重要组成

"公路是布置在大地表面供各种车辆行驶的一种线形带状结构物。它主要承受汽车荷载重复作用和经受各种自然因素的长期影响。因此，公路不仅要有平顺的线形，和缓的纵坡，还要有坚实稳定的路基，平整和防滑性能好的路面，牢固耐用的人工构造物以及不可缺少的附属工程和设施。"[1]

---

① 罗国富，宋阳，刘爱萍.公路工程施工与管理 [M].长春：吉林科学技术出版社，2022：6.

3

（一）路基

路基是道路工程中的重要组成部分，其设计和施工质量直接关系到道路的使用性能和寿命。路基是按照设计线形和横断面尺寸，在天然地面上通过填筑土或石料形成路堤（填方路段）或挖掘形成路堑（挖方路段）的带状结构物。其核心功能是承受路面传递的车辆荷载，并为路面提供稳固的支撑基础。

为了确保路基的强度和稳定性，必须使其具备足够的承载力和抗变形能力，同时还需具备良好的抗侵蚀性，以抵御水分和其他自然因素的影响。水是导致路基破坏的主要自然因素之一，因此，设计完善的公路排水系统是确保路基使用寿命和强度的关键措施。

路基防护工程是为加固路基边坡、确保路基稳定而修建的结构物。根据功能和作用，路基防护工程可分为以下类型。

第一，坡面防护。坡面防护的目的是保护路基边坡不受侵蚀，常见的措施包括植物防护、坡面处治以及护坡和护面墙等。植物防护通过植被覆盖减少水土流失，坡面处治则通过工程措施改善坡面条件，护坡和护面墙则通过物理结构保护边坡。

第二，冲刷防护。冲刷防护的目的是防止水流对路基的冲刷，除了上述的坡面防护措施外，调节水流的流速和流向也能保护路基。在沿河路基，可以设置顺坝、丁坝、格坝等导流结构物，以减少水流对路基的冲刷。

第三，支挡构造物。支挡构造物主要用于支撑和稳定填（砌）石边坡、挡土墙、护脚及护面墙等。这些结构物通过物理支撑，增强路基的稳定性，防止因边坡失稳而导致的路基破坏。

（二）路面

路面是一种利用多种材料及混合料，通过分层或多层铺筑在路基顶面的结构，旨在为车辆提供行驶的表面。由于车辆荷载和自然因素的作用，路面必须具备足够的强度、刚度、平整度、稳定性和抗滑性，以确保车辆能够安全、迅速且舒适地行驶。路面的设计和施工需考虑材料的耐久性、环境适应性以及维护的便捷性，以适应不同的交通负荷和气候条件。此外，随着科技的发展，路面材料的选择和施工技术也在不断进步，以提高路面的性能，延长路面的使用寿命。

（三）桥涵

桥涵泛指桥梁和涵洞。桥梁是一种跨越河流、沟壑或其他线路的构造物，其主要功能是确保公路的连续性。桥梁的设计和建设需考虑跨越障碍物的尺寸、承载能力以及与周围环境的协调性。

涵洞则是公路工程中用于排水的构造物，它允许水流在公路下方通过，从而保障公路的畅通无阻。涵洞的设计通常包括洞身、基础、端墙和翼墙等部分。涵洞的建设材料多样，常见的有砖、石、混凝土以及钢筋混凝土等，根据其结构和功能需求，孔径和形状也有所不同，包括管形、箱形和拱形等。

（四）交通隧道

交通隧道是一种复杂的工程结构，主要由主体建筑物和附属建筑物组成。主体建筑物包括洞身衬砌和洞门两部分。洞身衬砌是隧道的主要承重结构，其设计必须确保隧道的稳定性和行车安全。衬砌的平面、纵断面和横断面的形状由隧道的几何设计确定，而其断面的轴线形状和厚度则由衬砌的计算决定。洞门的构造形式受到多种因素的影响，包括地形地貌、岩体稳定性、通风方式、照明状况及环境条件等。

在某些地质条件复杂的地段，如洞门容易坍塌或山体坡面有崩塌和落石风险，应采取相应的措施，如延长洞身（提前进入洞内或延迟出洞）或在洞口加筑明洞，以增强隧道的安全性和耐久性。这些措施有助于提高隧道的整体性能，确保其在各种环境条件下的稳定运行。

（五）交通服务设施

交通服务设施是公路沿线设置的一系列设施，它们与交通安全、服务、环境保护以及养护管理等方面密切相关。这些设施的主要目的是确保行车安全、提升驾驶舒适性、加快行车速度，并美化道路环境。通过精心设计和合理布局，交通服务设施对于提高公路使用效率和驾驶体验至关重要。

第二节　公路建设的内容及特点

公路运输业在整个交通运输业中占的比重较大，它具有机动、灵活、直达、快速、适应性强、服务面广的特点，在社会主义现代化建设中发挥着巨大作用，并且具有良好的发展前景。公路工程施工组织设计，就是在贯彻国家现行技术经济政策、法令、法规的基础上，根据公路施工的特点，有组织、有计划地安排施工过程中的各种要素（人力、材料、机械、资金、施工方法和技术），使得公路工程项目建设的工期尽可能短，成本尽可能低，工程项目质量越高越好。

一、公路建设的内容

公路建设是提升运输效率和保障交通安全的关键环节。为了提升公路运输水平，必须通过新建、扩建、改建、重建等形式实现固定资产的扩大再生产。新建公路工程通常指在未开发或现有路网之外的区域建设新的道路，以满足新的交通需求或改善区域交通布局。扩建则是指对现有公路进行拓宽，增加车道数，以提高道路的通行能力。改建可能涉及对现有公路的结构、材料或设计进行更新，以提升道路的使用性能或适应新的交通标准。重建则是指在原有公路基础上进行全面的更新或重建，以恢复或提高其服务能力。

公路建设通过固定资产的维修、更新和技术改造、基本建设三种途径实现固定资产的简单再生产和扩大再生产。无论采取哪种途径，都需要消耗一定的资源（人力、物力、财力等），并消耗一定的时间。因此，公路建设组织者需研究如何在最短的时间内以最少的成本完成建筑产品。

（一）固定资产的维修

公路工程构造物在长期使用过程中，会受到行车和自然因素的影响而不断损坏。只有通过定期和不定期的维修保养，才能确保固定资产的正常使用，保证运输生产的连续性，并维持原有的生产能力。因此，公路工程的小修保养是实现固定资产简单再生产的重要手段。

（二）更新和技术改造

公路工程产品由不同的建筑材料按照不同的施工工艺完成，各部分功能不同，决定了公路各组成部分的寿命也不同。因此，即使进行了小修或保养，某些组成部分在达到一定年限后仍可能丧失原有功能，这时就需要进行固定资产的更新工作。公路工程的大修、中修通常与技术改造相结合，是实现固定资产简单再生产和部分扩大再生产的重要手段。

（三）基本建设

基本建设不仅涉及工程的物理建设，还包括项目规划、设计、环境评估、施工管理和后期的维护等一系列复杂过程。这些活动需要综合考虑技术、经济、社会和环境等多方面因素，以确保公路建设项目的可持续性和效益最大化。

在基本建设过程中，资金来源和管理方式是关键因素。

1. 资金来源

公路工程的小修、保养及部分大修、中修由养路费开支。养路费是由交通运输部门向有车的单位或个人征收的用于养路的事业费。

公路工程新建、改建、扩建和重建等由基本建设资金开支。基本建设资金主要有国家预算拨款、银行贷款（国内银行、国外银行）、地方投资、个人投资（国内和国外）、经国家批准的自筹资金（如发行债券、股票投资）等。

结合我国交通运输发展和建设资金现状，国家制定了发展交通运输业的政策，建立了国家公路建设特别基金：①允许集资、贷款；②对已运营高速公路、大桥实行收费，以偿还本息；③对已运营高速公路、大桥的经营权允许作为商品出售，以获取资金，再投资公路工程基本建设。

2. 管理方式

公路小修、保养由各地市交通运输部门下属的养路道班、养护公司等养路部门自行安排和管理。高速公路日常养护由各高速公路管理部门负责。

公路大修、中修及技术改造由养路部门提出计划，报上级主管部门批准后，自行管理和安排。新建、改建、扩建和重建的公路工程一般由省（自治区、直辖市）政府主管部门下达任务。新建高速公路由省级主管部门上报国家主管部门审批。

总而言之，一切公路工程基本建设活动必须按照国家相关规定和要求进行管理。

二、公路建设的特点

公路建设是一项复杂的系统工程，其特点可以从公路建筑产品本身和施工过程两个维度进行探讨。深入理解这些特点对于优化施工组织和管理、提升建设效率和经济效益至关重要。

（一）公路建筑产品的特点

公路建筑产品的特点主要表现在以下几个方面。

第一，固定性。公路建筑产品一旦建成，其位置固定，不可移动，这要求在规划和设计阶段就必须充分考虑其长远影响和功能需求。

第二，多样性。由于技术标准、技术等级、结构形式和使用功能的差异，公路工程的组成部分和结构形式呈现出高度的多样性，这增加了设计和施工的复杂性。

第三，庞大性。公路作为线性构造物，往往跨越广阔的地区，占地面积大，工程规模庞大，这对施工组织和资源调配提出了更高要求。

第四，易损性。公路工程暴露于自然环境中，易受行车荷载和自然因素的双重影响，导致其在使用过程中容易损坏，需要定期进行维护和修复。

（二）公路工程的施工特点

第一，施工周期长。公路工程包括路基、路面、桥梁、涵洞、隧道、交通工程设施等，建筑产品形体庞大、固定，使得施工周期长，在较长的一段时间内占用大量的人力、物力、财力，直至整个工程完工，才能使用该产品。

第二，施工流动性大。公路工程产品是线性结构，跨越的地区广，并且工程数量分布不均匀，这就要求建筑材料沿线移动运输，施工人员、机械设备沿线流动作业。公路施工的流动性，给施工企业的生产管理和生活安排带来了很大影响，也带来了施工基地的建立、施工组织形式的选择、施工运输的经济合理等问题。

第三，施工协作性强。公路工程产品复杂多样，施工环节比较多，工序复杂，要求不同专业组、不同地点、不同时间的劳动主体、材料及运输必须相互配合、通力协作。因此，施工过程中的综合平衡和调度、严密计划和科学管理就显得特别重要。

第四，施工过程中干扰因素多。公路工程施工大部分是露天作业，因此受自然条件、外界因素的影响比较大，如气候、气象、地质等对施工进度、施工成本等都有很大影响。

而且，由于公路部分结构的易损性，需不断进行维修养护，才能维持正常使用性能。

只有了解公路建设的这些特点，才能找到公路施工的规律。只有研究和遵循这些规律，才能科学地进行施工组织与管理，提高公路建设的经济效益。

第三节　公路工程的建设程序

一、公路工程基本建设程序

"基本建设项目在整个建设过程中的先后顺序，称为基本建设程序。这个程序是由基本建设进程的客观规律（包括自然规律和经济规律）和政府管理体制决定的。"[①] 基本建设是一个涉及多方面因素的复杂过程，不仅受到地质、气候、水文等自然条件的影响，还受到资源供应、技术水平等物质技术条件的制约，因此需要各个环节的密切配合，并严格遵循科学合理的总体设计。这些程序必须循序渐进，每一环节都是后续环节的基础。没有完成上一环节，就不能进入下一环节。例如，没有可行性研究报告就不能进行设计，没有设计就不能施工，工程不经竣工验收合格就不能交付使用。否则，可能会造成不必要的经济损失和不良后果。

对于新建及改建的大中型项目，应严格按照基本建设程序进行。而对于小型项目，可以根据具体情况适当合并或删去某些程序，但必须确保工程的质量和安全。通过严格遵守基本建设程序，可以确保公路工程的基本建设科学、合理、高效，从而为社会经济发展提供坚实的基础设施支持。

现将公路工程基本建设程序的具体内容分述如下。

（一）项目建议书的撰写

项目建议书是一种重要的技术政策性文件，它在经济规划、运输规划和道路规划的基础上形成。该文件按项目或年度列出待建项目，不仅为各项前期准备工作提供依据，同时也是进行可行性研究的基础。项目建议书应详细阐述拟建项目的目的、要求、主要技术指标、所需原材料、投资估算及资金来源等，并以文字形式进行说明。

项目建议书的撰写应遵循以下步骤：首先，明确项目的目标和预期效果；其次，收集和分析与项目相关的技术、经济和市场信息；再次，评估项目的可行性和风险；最后，制订详细的实施计划和预算。此外，项目建议书还应考虑环境影响、社会效应和法规要求，确保项目的可持续性和合规性。

（二）项目可行性研究

可行性研究是基本建设前期工作的重要组成部分，为建设项目的立项和决策提供主要

---

① 王毅，马学元，王桂珍. 公路工程管理与实务研究 [M]. 长春：吉林科学技术出版社，2022：6.

依据。无论是大中型工程、高等级公路还是重点工程（包括国防、边防项目），都应进行可行性研究，而小型项目可对研究程序进行适当简化。

公路建设项目可行性研究的核心任务是在全面调查研究拟建工程地区的社会经济发展、公路网现状，并进行评价、预测和必要的勘察工作的基础上，对项目建设的必要性、经济合理性、技术可行性和实施可能性进行全面的论证，并提出综合性研究报告。

可行性研究分为预可行性研究和工程可行性研究两个阶段。预可行性研究侧重于阐明项目建设的必要性，提出项目规模和技术标准，并进行初步经济效益分析。工程可行性研究则在预可行性研究的基础上，通过更深入的测量、地质勘探等工作，对不同建设方案进行经济技术和综合论证，提出推荐方案，并作为初步设计的依据。此外，工程可行性研究的投资估算与初步设计概算的总额之差应控制在 10% 以内。

公路建设项目可行性研究报告应包含以下主要内容：项目依据和历史背景、建设地区的交通运输现状、原有公路技术状况、地区经济特征与项目内在联系、交通量预测、项目地理位置及自然特征、筑路材料来源、不同建设方案的论证、环境影响评价、工程数量和投资估算、资金筹措方式、勘测设计施工计划、经济评价和敏感性分析。对于收费公路、桥梁、隧道项目，还需进行财务分析，评价推荐方案，并提出存在的问题和建议。

严格的可行性研究可以确保公路建设项目的科学决策和有效实施，为社会经济发展提供坚实的基础设施支持。

（三）工程设计

工程设计是一个系统的过程，涉及对工程对象的构思、计算、验算以及设计文件的编制。这些设计文件是建设项目安排、投资控制、招标文件编制、施工组织和竣工验收的关键依据。设计文件的编制必须遵循精心设计的原则，认真执行国家相关方针政策，并严格遵守基本建设程序的规定。

工程设计通常根据项目的性质和设计内容，分为"一阶段设计""两阶段设计"和"三阶段设计"三种类型。公路工程基本建设多采用两阶段设计，包括初步设计和施工图设计。对于技术简单、方案明确的小型项目，可采用一阶段设计；而对于技术复杂或缺乏经验的大型项目，如特殊大桥、互通式立体交叉、隧道等，可能需要采用三阶段设计，即初步设计、技术设计和施工图设计。

初步设计阶段应依据批准的可行性研究和初测资料，确定修建原则，选择设计方案，计算主要工程量，并提出施工方案和设计概算。技术设计阶段则在初步设计的基础上，通过科学试验和专题研究，解决技术问题，进一步落实技术方案。施工图设计阶段则根据批准的初步设计或技术设计，将设计方案具体化，确定工程量，并编制施工图预算。

为了提高工程设计质量，必须对设计文件的编制方法、内容、顺序和格式提出严格要求。设计文件应由具有相应资质的设计单位编制，并按规定程序进行编制和审批。

（四）年度基本建设计划

建设项目的初步设计和概算必须经过上报并获得批准后，才能列入国家年度基本建设计划。建设单位根据批准的可行性研究报告和设计文件，结合年度基本建设计划的控制数字，编制本单位的年度基本建设计划。该计划需上报并获得批准后，方可进一步编制物资、劳动、财务计划。这些计划在经过主管机关的审查和平衡后，将作为国家安排生产、进行宏观调控物资和财政拨款或贷款的依据。施工单位和监理单位的落实通常通过招标或其他方式进行，通过这一流程，可以确保建设项目的有序推进，合理利用资源，并为项目的最终成功实施提供坚实的基础。

（五）项目施工准备

施工准备是确保施工顺利进行的关键阶段。在这一阶段，建设单位、勘测设计单位、施工单位、监理单位以及建设银行等各方都应根据各自的职责，针对施工要求做好充分的准备工作。

建设主管部门应依据计划要求的建设进度，成立专门的基本建设项目管理机构，负责项目的登记、拆迁工作，协调施工沿线的有关单位和部门，确保配套工程项目的顺利落实，并提供必要的技术资料，确保材料和设备的供应。

勘测设计单位应依照技术资料供应协议，及时提供所需的各种图纸资料，并负责施工图纸的会审及移交工作。

中标并签订工程承包合同的施工单位应组织机具、人员进场，开展施工测量，修建便道及生产、生活所需的临时设施，建立实验室，并组织材料、物资的采购、加工、运输、供应和储备。同时，应做好施工图纸的接收工作，熟悉图纸要求，编制施工组织设计和施工预算，并提出开工报告。

监理单位在中标并签订监理合同后，应组织监理机构，建立监理组织体系，熟悉施工设计文件和合同文件。监理人员和设备应进场并建立中心实验室，根据工程监理规划和合同条款，对施工单位的准备工作进行检查、验收和审批。准备工作合格后，监理单位将签发开工令。

建设银行应与建设、设计、施工单位共同参与图纸会审，并根据计划要求严格进行财政拨款或贷款，制订建设资金的调拨计划。

（六）项目工程施工

在开工报告获得批准后，施工单位可以正式启动工程施工。施工过程中，施工单位必须遵循合理的施工程序，严格按照设计要求、施工规范及进度要求进行作业，以确保工程质量并实现安全施工。

施工单位应坚持施工过程的组织原则，加强施工管理，积极推广和应用新技术、新工艺、新方法、新设备和新材料。这些措施可以有效缩短工期、降低造价。同时，施工单位还需做好施工记录，建立完整的技术档案，为工程的顺利进行和后期的维护管理提供重要依据。

严格执行这些施工原则和管理措施，可以确保工程施工的顺利进行，为打造高质量的工程提供坚实的保障。

（七）竣工验收、交付使用

竣工验收是建设项目全过程中至关重要的最后一个环节。这一环节要求我们必须本着对国家和人民的利益高度负责的态度，严格依照相关规范和标准，对所有基本建设工程进行全面细致的总验收。

安全审核在道路竣工验收阶段尤为关键，它不仅能够审核道路工程项目的完成情况，还能在预通车和正式通车前及时发现并消除道路交通安全隐患，提出有效的整改措施，以最大限度地预防后期交通事故的发生。因此，制定一套科学、合理的道路竣工验收安全审核程序和审核项目至关重要。

竣工验收主要包括工程技术验收和工程资金决算两大部分。工程技术验收涉及对工程质量、数量、期限、生产能力、建设规模和使用条件的审查；而工程资金决算则需要对建设单位和施工单位编制的固定资产移交清单、隐蔽工程说明和竣工决算等进行详尽的检查。

一旦基本建设工程全部通过竣工验收并完全符合设计要求，应立即将其移交给生产部门正式投入使用。在竣工验收过程中，对于发现的遗留问题，必须明确责任方，确定具体的处理措施和完成期限。

对于养护和大中修工程，即固定资产的更新与技术改造，原则上也应遵循基本建设程序，并按照交通运输部的相关规定执行。

二、公路工程建设的施工程序

公路工程施工程序是指在整个公路施工过程中各项工作必须遵循的前后顺序。它是多年来施工实践经验的总结，也反映了施工过程中必须遵循的客观施工规律。施工程序包括接受施工任务、签订工程承包合同、施工准备工作、组织施工和竣工验收等阶段。

（一）接受施工任务、签订合同

施工企业接受施工任务通常有三种方式：上级主管单位统一布置任务并安排计划下达；经主管部门同意后，自行对外接受的任务；通过参加投标并在建筑市场的平等竞争中获得的任务。随着我国社会主义市场经济体制的建立和发展，施工任务的获取将越来越多地通过公开投标的方式实现。

接受施工任务是通过签订工程承包合同来确定的。建筑安装企业在接受工程项目时，必须与建设单位签订工程承包合同，以明确双方的经济技术责任。合同一旦签订，即具有法律效力，双方必须严格履行。

工程承包合同的内容一般包括承包依据、承包方式、工程范围、工程质量、施工工期、开工及竣工日期（包括中间交工日期）、工程造价、技术物资供应、拨款结算方式、奖惩条款，以及双方应做的准备工作和配合关系等。承包合同应满足工程施工的需要，反映工程的特点，内容要具体明确，条款要简明易懂，文字解释要清晰，便于执行和检查。

严格的合同签订和管理流程，可以确保施工项目的顺利进行，为工程项目的成功完成提供法律和经济上的保障。

（二）公路工程施工的准备工作

施工企业的施工准备工作千头万绪，涉及面广，必须有计划、按步骤、分阶段地进行，才能在较短时间内为工程开工创造必要的条件。施工准备工作的基本任务是：了解施工现场的客观条件，根据工程特点、进度要求，合理安排施工力量，从人力、物力、技术和施工组织等方面为工程施工提供一切必要的条件。

1. 施工技术准备

施工技术准备是确保施工顺利进行的前提。以下是施工技术准备的关键步骤。

（1）熟悉和核对设计文件。组织相关人员深入熟悉设计文件、图纸及相关技术资料，确保施工团队理解设计意图，掌握施工图的细节和结构物的具体构造，并全面了解所有原始资料。必须对设计文件和图纸进行现场核对，包括但不限于计划安排的合理性、图纸的完整性与准确性、设计内容与技术条件的符合性、工程规模与结构特点的明确性，以及设计依据的水文、地质、气象等资料的准确性和完整性。同时，还需核对路线控制点、构造物的位置与尺寸、技术或新材料的应用可能性、与其他设施的相互干扰及解决方案、地质和环境处理措施、施工方法与条件的适应性，以及临时设施的布局合理性。

现场核对中如发现设计不合理或错误，应立即提出修改意见，并上报上级机关审批。根据批复的修改意见，进行施工测量和补充图纸等后续工作。

（2）补充调查资料。进行现场补充调查，为设计修改和施工组织设计的编制提供必要的资料。

（3）编制施工组织设计和预算。施工组织设计和预算是指导施工的重要技术文件。鉴于公路建筑生产的特殊性，每个项目都需要定制施工方案和组织方法，因此必须为每个建设工程项目编制具体的实施性施工组织设计和施工预算。

（4）组织先遣人员进场。在大批施工人员进场前，先遣人员需根据总任务安排和现场实际情况，解决施工人员进场后的生产和生活问题，协调与其他部门的关系，签订必要的协议或合同，并与当地政府建立联系，争取支持和帮助。

2. 施工现场准备

依据设计文件及已编制的实施性施工组织设计，应充分做好施工现场准备工作。具体如下。

（1）测量并确定占地和征用土地的范围，拆迁房屋、电信设备等可能影响施工的障碍物。

（2）平整施工场地，进行施工放样，确保施工布局的准确性。

（3）修建便桥、便道，搭建工棚和大型临时设施，如预制场、机修厂、沥青加工场、混凝土搅拌站等。

（4）合理布置料场，安装必要的供水、供电设备，确保施工期间的物资供应和能源需求。

（5）调查并准备各种施工物资，包括建筑材料、构件、施工机械及机具设备、工具等，安排货源、进场堆放、入库保管及安全工作。

（6）建立工地实验室，对建筑材料和土质进行试验，为施工提供科学依据。

（7）设置施工机构，集结施工队伍，进行政治思想工作及安全技术教育，确保施工人员具备必要的安全意识和操作技能。

在上述各项具体准备工作全部就绪后，施工单位应向建设单位或监理工程师提出开工报告。施工单位必须坚持没有做好施工准备工作不准开工的原则，以确保施工的顺利进行和工程质量。

（三）公路工程正式组织施工

在施工准备充分并得到批准后，方可启动正式施工。施工过程中，必须严格依照施工图纸，根据施工组织设计所确定的施工顺序、施工方法和进度要求，科学合理地组织施工。同时，对施工过程实施全面的质量管理和成本控制。对于大中型工程建设项目，监理制度的严格执行是确保施工质量的重要保障。

针对各分项工程，特别是地下工程和隐蔽工程，施工过程中需做好详尽的原始记录。每道工序完成后，必须经监理工程师检验合格，方能进入下一道工序。施工应严格遵循设计要求和施工验收技术规范的规定，确保工程质量，不留隐患，并及时解决发现的问题。

组织施工时的基本文件包括：①设计文件；②施工规范和技术操作规程；③各种定额；④施工图预算；⑤施工组织设计；⑥公路工程质量检验评定标准和施工验收规范。

（四）公路工程项目竣工验收

竣工验收是建设项目和单位工程完成的必经阶段。所有建设项目和单位工程必须严格依照设计文件规定的要求完成建设。在完工后，应以批准的设计文件为基础，依据国家相关法规和标准，对工程质量进行评定，并确定其质量等级。

竣工验收过程中，监理工程师将发挥关键作用，他们需要对工程进行全面检查，并在确认工程符合设计要求和质量标准后，对竣工验收结果进行签字确认。这一环节是确保工程质量和合规性的重要保障。

第二章　公路工程项目的成本管理

本章聚焦于公路工程领域的核心议题——成本管理，旨在深入探讨其对于项目成功与可持续发展的重要意义。首先概述成本管理的特点与原则，为后续分析奠定理论基础；其次，深入研究成本管理体系，探索成本管理的责任体系；最后，聚焦于成本计划与控制管理，提出有效的策略与方法，以期实现资源的最优配置与成本的最小化。

第一节　公路工程项目成本管理概述

公路工程项目成本管理指的是在整个公路工程项目的施工过程中，在保证工期和质量满足要求的情况下，采取相应的措施，以最佳的方式进行管理，把成本控制在计划范围内并进一步寻求最大限度的成本节约。这个过程不仅需要项目全体参建人员的共同努力，而且需要项目所在企业的各相关职能部门也参与其中。总体而言，成本管理就是一个组织体系用系统工程的原理，应用先进的管理方式，在一个项目从开始到完成的全过程内，采取组织措施、经济措施、技术措施和合同措施，着眼于既定的管理目标并实现这个目标的活动。

一、公路工程项目成本管理的特点

"成本管理与控制是公路工程建设项目中的重要环节,直接影响项目建设综合效益。"[①]工程项目实施过程中，对施工项目成本进行有效组织、实施、控制、跟踪、分析和考核等管理活动，可以使施工项目成本与施工现场的质量、进度、安全、合同、信息管理及组织协调工作达到最佳的配合状态，从而降低施工成本，增加企业利润。公路工程成本管理的特点主要体现在：事先能动性、内容适应性、综合优化性和动态跟踪性等方面。

（一）事先能动性

对于某项公路建设工程来说，项目管理具有一次性的特征，因而其成本管理只能在这种不再重复的过程中进行，以避免某一工程项目上的重大失误。这就要求项目成本管理必须是事先的、能动性的、自为的管理。公路工程项目通常在项目管理的起始点就要对成本进行预测，制订计划、明确目标，然后以目标为出发点，采取各种技术、经济、管理措施实现目标。

---

① 徐浩.公路工程建设项目成本管理与控制研究 [J].价值工程，2022，41（2）：57-59.

（二）内容适应性

公路工程项目成本管理的内容是由公路工程项目管理的对象范围决定的。它与企业成本管理的对象范围既有联系，又有明显的差异。因此对公路工程项目成本管理中的成本项目、核算台账、核算办法等必须进行深入的研究，不能盲目地要求与企业成本核算对口。

通常来说，项目成本管理只是对工程项目的直接成本和间接成本的管理，除此之外的内容均不属于项目成本管理范畴。

（三）综合优化性

项目成本管理的综合优化性是由项目成本管理在公路工程项目管理中的特定地位所决定的。项目经理部并不是企业的财务核算部门，而是在实际履行工程承包合同中，以为企业创造经济效益为最终目的的施工管理组织。它是为生产有效益的合格项目产品而存在的，不是仅为了成本核算而存在于企业之中的。因此，公路工程项目成本管理的过程，必然要求其与项目的工期管理、质量管理、技术管理、分包管理、预算管理、资金管理、安全管理紧密结合起来，从而组成项目成本管理的完整网络。

对于工程项目中的每一项管理职能，每个管理人员都参与着工程项目的成本管理，他们的工作都与项目的成本直接或间接、或多或少有关。公路工程项目只有把所有管理职能、所有管理对象、所有管理要素纳入成本管理轨道，整个项目才能收到综合优化的功效。

（四）动态跟踪性

公路工程项目产品的生产过程不同于工业产品的生产，其成本状况随着生产过程的推进会随客观条件的改变而发生较大的变化。尤其是在市场经济的背景下，各种不稳定因素会随时出现，从而影响到项目成本。例如建材价格的提高、工程设计的修改、产品功能的调整、因建设单位责任引起的工期延误、资金的到位情况、国家规定的预算定额的调整、人工机械安装等分包人的价格上涨等，都使项目成本的实际水平处在不稳定的环境中。

公路工程项目想要实现预期的成本目标，维护企业的合法权益，争取应有的经济效益，就应采取有效措施，控制成本。其中包括调整预算、合同索赔、增减账管理等一系列针对性措施。从项目成本管理的这一特点可以更进一步看清项目成本管理的重要性和优越性。

二、公路工程项目成本管理的原则

公路工程成本管理的实施过程中应当遵循以下原则。

（一）领导推动和全员参与原则

企业的领导者是企业成本的责任人，必然是公路工程施工成本的责任人。当承接一项公路工程任务后，领导者应该制定项目成本管理的方针和目标，组织项目成本管理体系的建立和保持，使企业全体员工能充分参与施工成本管理，创造企业成本目标的良好内部环境。

工程项目管理的本质是人，人的本质是思想和精神。纵观世界发展史，从工业革命到信息化时代，历史的滚滚车轮无一不是人在推动。具体到工程成本管理，管理的每一项工作、每一个内容都需要相应的人员来完善，抓住本质、全面提高人的积极性和创造性是做好施工项目成本管理的前提。

公路工程成本管理工作是一项系统工程，其进度管理、质量管理、安全管理、施工技术管理、物资管理、劳务管理、计划统计、财务管理等一系列管理工作都关联到施工项目成本。公路工程项目成本管理是工程管理的中心工作，只有让企业全体人员共同参与，才能保证工程成本管理工作顺利地进行。

（二）管理权限与内容匹配原则

项目成本管理是企业各项专业管理的一个部分，从管理层次上讲，企业是决策中心、利润中心，项目是企业的生产场地、生产车间，行业的特点是大部分的成本耗费在此发生，因而项目是成本中心。项目完成了材料和半成品在空间和时间上的流水，绝大部分要素或资源要在项目上完成价值转换，并要求实现增值，其管理上的深度和广度远远大于一个生产车间所能完成的工作内容，因此项目上的生产责任和成本责任是非常大的，为了完成或者实现工程管理和成本目标，就必须要建立一套相应的管理制度，并授予相应的权力。

因而，相应的管理层次，它所对应的管理内容和管理权力必须相称和匹配，否则会发生责、权、利的不协调，从而导致管理目标和管理结果的扭曲。

（三）目标分解和明确责任原则

公路工程成本管理的工作业绩最终要转化为定量指标，而这些指标的完成是通过上述各级各个岗位的工作实现的，为明确各级各岗位的成本目标和责任，就必须进行指标分解。施工企业确定工程责任成本指标和成本降低率指标，是对工程成本进行了一次目标分解。企业的责任是降低企业管理费用和经营费用，组织项目经理部完成工程责任成本指标和成本降低率指标。项目经理部还要对工程项目责任成本指标和成本降低率目标进行二次目标分解，根据岗位不同、管理内容不同，确定每个岗位的成本目标和所承担的责任；把总目标进行层层分解，落实到每一个人，通过每个指标的完成来保证总目标的实现。

指标分解并不是提倡分散主义，只要各自的工作完成就行。提倡风险分担更不是不要集体主义，相反，企业管理水平的提高需要建立在团结互助的集体主义精神和团队精神的基础上。施工项目成本管理涉及施工管理的方方面面，而他们之间又是相互联系、相互影响的，必须要发挥项目管理的集体优势，协同工作，才能完成公路工程成本管理这一系统工程。

（四）过程控制与系统控制原则

公路工程成本是由工程过程的各个环节的资源消耗形成的。因此，工程成本的控制必须采用过程控制的方法，分析每一个过程影响成本的因素，制定工作程序和控制程序，使之时时处于受控状态。工程成本形成的每一个过程又是与其他过程互相关联的，一个过程成本的降低，可能会引起关联过程成本的提高。

因此，工程成本的管理，必须遵循系统控制的原则，进行系统分析，制定过程的工作目标必须从全局利益出发，不能为了小团体的利益损害整体的利益。

（五）动态性、准确性、及时性原则

项目成本管理是为了实现工程成本目标而进行的一系列管理活动，是对工程成本实际开支的动态管理过程。由于工程成本的构成是随着工程施工的进展而不断变化的，因而动态性是施工成本管理的属性之一。进行工程成本管理的过程，即不断调整好工程成本支出与计划目标的偏差，使工程成本支出基本与目标一致，这就需要进行工程成本的动态管理，它决定了工程成本管理不是一次性的工作，而是工程全过程每日每时都在进行的工作。公路工程成本管理需要及时、准确地提供成本核算信息，不断反馈，为上级部门或项目经理进行工程成本管理提供科学的决策依据。

公路工程成本管理所编制的各种成本计划、消耗量计划，统计的各项消耗、各项费用支出，必须是实事求是的、准确的。若计划的编制不准确，各项成本管理就失去了基准；若各项统计不实事求是、不准确，成本核算就不能真实反映出现的虚盈或虚亏，就会导致决策失误。

因此，确保工程成本管理的动态性、及时性、准确性是工程成本管理的灵魂。

三、成本构成与成本管理影响因素

（一）公路工程施工成本的构成

公路工程建筑安装费由直接费、间接费、利润和税金四部分组成，项目施工成本仅包括直接费和间接费两部分。

公路工程项目工程类别划分：①人工土方；②机械土方；③汽车运输；④人工石方；⑤机械石方；⑥高级路面；⑦其他路面；⑧构造物Ⅰ；⑨构造物Ⅱ；⑩构造物Ⅲ；⑪技术复杂大桥；⑫隧道；⑬钢材及钢结构。购买路基填料的费用不作为其他工程费和间接费的计算基数。

直接费由直接工程费和其他工程费组成，包括人工劳务的费用、购买各类材料的费用、购买各类工程设备的费用和施工措施费。

直接费中，其他工程费和直接工程费需要先依据不同的工程类别分别确定计算费率，再进行计算。

间接费由规费和企业管理费组成，是指用于施工准备、组织和管理的费用，是不能直接归结于任何工程对象的费用，是为进行工程施工所必须发生的间接费用，比如贷款利息、

各类办公费用等。

（二）公路工程成本的影响因素

一般而言，公路工程项目的成本往往受到各种因素的影响，主要包括以下方面。

第一，公路工程项目主体建设规模。公路工程项目主体建设规模决定了项目实施的主要工程量及内容，也决定了所需原材料的消耗数量，同时还决定了项目建设主要成本的内容。

第二，施工质量。质量与成本密切相关。但是要注意，质量对成本也有着反作用，比如在施工过程中没有达到质量要求而进行返工作业的情况就无疑导致了成本的二次增加。

第三，施工工期。施工工期就是项目从开始建设到交工的时间。这个时间是在建设初期由合同规定的，并且是由工程的进度决定的。

第四，物资市场价格波动。物资材料的价值占公路工程造价的 70%，价格波动对项目成本的影响不言而喻。材料市场价格的竞争虽然很激烈，但也有两面性。这就要求公路施工企业必须随时观察市场动态，广泛开展经营性活动，充分了解最佳采购时间，避开价格高峰，以尽可能少的资源消耗和最低的成本完成公路工程项目的任务要求。同时仔细研究合同条款，在合同允许的合理范围内，做好因材料价格上涨而导致成本增加的索赔工作。

第五，项目管理水平。公路工程项目中标后，公路施工单位还必须结合项目的实际情况，组织制订技术可行、经济合理、先进高效的施工组织计划。施工组织计划所涉及的内容十分广泛，涵盖了项目施工的全过程，因此其中有任何一项不合理，都会对工程成本产生影响。施工组织计划在很大程度上决定了施工成本，所以施工单位必须重视施工组织计划的编制，并在编制好后保证按照既定计划在过程中实施。

第六，安全生产施工。安全管理存在于项目施工的每一个环节，从安全工作重要程度的角度出发，必须投入合理的安全生产费用。国家已经制定相关政策，将安全生产费用作为一项专项资金投入施工，这一部分费用是不可盲目节省和压缩的，不然会埋下安全隐患，导致发生更大的生产事故，增加额外的施工成本，得不偿失。安全生产就是最大的节约。

第二节　公路工程项目的成本管理体系研究

一、公路工程项目成本管理体系概述

（一）成本管理体系的内涵

在探讨施工项目成本管理时必须秉持整体思维，将成本管理视为一个旨在实现项目盈利目标的全流程控制系统。这一观念强调了成本管理在项目整个生命周期中的核心地位，是确保项目成功不可或缺的一环。

项目成本控制体系通常可以划分为三个层次：首先，成本控制决策系统，它负责制定和确定成本控制所要达成的最终目标，为整个成本控制过程提供方向性指导；其次，控制管理系统，这一层次在既定的控制目标框架下，负责制订具体的成本控制计划，为实际操作提供蓝图；最后，成本控制执行系统，它结合项目实际情况，通过实施一系列有效措施，确保各项子计划、子目标的顺利实现，从而实现整体成本控制目标。

成本管理体系的构建，不仅强化了项目成本控制的手段，还通过减少不必要的成本支出，直接提升了项目的盈利能力。因此，对于公路施工项目而言，建立和完善成本管理系统显得尤为必要。一个高效、完善的成本管理系统，需要项目领导的强力推动以及各工种、机械设备之间的紧密协调与配合，这体现了全流程、全方位、全过程的系统管理思想。

在构建成本管理系统时，必须确保管理的各个环节和阶段都得到充分覆盖。各部门负责人需明确自身职责与权限，围绕项目成本管理目标，建立一套科学、合理的项目管理体系。这一体系应确保在符合工程进度计划、质量要求和造价成本总体目标的前提下，实现质量合格、按期完工的目标，进而有效降低项目管理成本，提升项目整体效益。

（二）成本管理体系的特征

施工项目成本管理体系展现出以下显著特征。

第一，确保工程项目结构的完整性。这一特征确保了项目在成本管理方面能够拥有更为坚实的基础和更大的操作空间，从而更有效地实现成本控制与优化。

第二，明确并规范运行程序。运行程序涵盖了成本管理流程、方法等多个方面，为施工过程中的成本管理工作提供了清晰的指导框架。程序的明确性不仅使得成本管理更加具体化、可操作化，还极大地提升了管理的效率和效果。

第三，强化施工项目成本核算的规范性。将成本严格控制在预设的目标范围内，并精确组织项目成本核算工作，可以准确反映项目成本耗费的全过程。这是施工项目成本管理的关键环节，对于评估项目经济效益、指导后续决策具有重要意义。

第四，精确界定岗位任务与成本指标。确保每个部门和员工都拥有明确的岗位任务和成本指标，是成本管理体系有效运行的重要保障。这种明确的责任划分有助于激发员工的积极性和责任感，促进各部门之间的协同合作，共同推动项目成本目标的实现。

第五，实施严谨全面的考核体系。考核内容不仅涵盖项目的体制建设，还深入项目质量等各个方面，实现了对项目全过程的监督与评估。这种考核体系有助于及时发现问题、纠正偏差，确保项目始终沿着既定的目标方向前进。

（三）成本管理体系的内容

成本管理是企业为降低建筑产品成本而对成本的计划、控制、分析等进行的各项管理工作的总称。施工企业内部的各项管理工作，如生产、材料供应、机械设备及劳动管理等，都与成本管理有着紧密的联系，都会反映到成本上。成本管理直接影响企业创造的利润，影响企业的经济效益。

根据公路工程项目成本管理的各个环节，成本管理体系的内容一般包括成本预测、成本计划、成本控制、成本核算、成本分析等。

1. 成本预测

成本预测是基于详尽的各类信息资料，运用科学的预测技术手段，对未来生产经营活动进行深入的定性研究与精确的定量分析，旨在预估未来的成本水平及其变动趋势。这一过程不仅有助于企业掌握成本动态，还能为决策制定提供有力支持。

根据预测内容的不同，成本预测可分为两大类：一是成本计划阶段的前期成本预测，它着眼于规划期的成本趋势与水平；二是成本计划实施进程中的动态预测，它关注执行过程中的成本变化与调整。

针对施工企业的特殊经营管理需求，成本预测可以进一步细化为分类预测、分项预测或针对某一重大经济业务的专项预测。例如，在工程投标过程中，企业可以通过单项成本预测技术，对特定工程项目进行详尽的成本估算，以科学衡量项目的潜在收益与风险，从而作为制定合理投标报价的重要依据。

2. 成本计划

成本计划作为一种以货币形式表达的经济管理工具，旨在明确企业在特定计划期内，为完成预定施工生产任务所需达到的生产耗费水平。它是企业财务计划不可或缺的组成部分，直接关系到企业的经济效益与资源配置效率。

施工企业在编制成本计划时，应首先深入总结上一期成本计划的执行情况，以此为基础，结合企业当前及未来计划期内的施工生产任务、技术组织措施、施工组织设计以及成本预测等关键信息，制订出既具备实际可行性又兼具先进性的成本计划。这一过程中，企业应确保成本计划既符合相关计划要求，又与企业的整体战略目标，特别是利润计划紧密相连，形成有机整体。

成本计划的成功实施，对于提升企业的经济效益具有深远意义。它不仅能够帮助企业合理控制成本支出，优化资源配置，还能通过设定明确的降低成本目标，激发广大职工的积极性和创造力，引导他们深入挖掘潜力，有效控制资源消耗，共同推动成本降低目标的实现。

3. 成本控制

成本控制是一项重要的管理活动，它依据成本计划所设定的成本水平和降低成本的目标，对成本形成过程中的各项生产耗费进行严格的计算、调节和监督。这一过程的核心在于及时发现实际成本与预定成本目标之间的差距，并迅速采取有效措施解决存在的问题，以确保工程的实际成本始终被控制在预定的目标范围内，从而推动成本的持续降低。

对于施工企业而言，进行成本控制的首要任务是确立明确的成本控制标准。为了更好地发挥成本控制的作用，企业应构建一套完整的事前、事中和事后控制体系。事前控制，即通过深入的成本预测和科学的决策过程，确立计划期的目标成本，为后续的成本控制工作奠定坚实的基础。事中控制则侧重于在成本形成过程中，依据具体的成本控制标准，对生产耗费进行实时监控和调整，确保成本目标的实现。而事后控制，也称为反馈控制，是通过对比实际成本与计划成本，评估成本计划的执行情况，为未来的成本控制工作提供参考。

鉴于成本费用贯穿于企业生产经营活动的方方面面，因此实施全面的成本控制显得尤为重要。全面的成本控制意味着在生产经营的全过程中，对所有的生产耗费进行严格的控制，并鼓励全体职工积极参与其中。为了实现这一目标，企业需要采取有效的组织形式，建立健全的成本责任制。具体而言，就是将构成成本的生产耗费和降低成本的任务，按照生产耗费发生的范围进行细致分解，并明确落实到相关的职责部门或个人。通过实行责任成本制度，将责、权、利紧密结合，同时辅以成本控制与业绩考核相结合的管理方法，有效促进成本降低，提高企业的经济效益。

4. 成本核算

成本核算是对企业工程施工过程中所产生的各项生产费用进行系统的、事后的计量与核算，旨在准确确定产品的实际制造成本以及合理归集期间费用，从而及时且精确地反映成本目标与成本计划的执行情况。在进行工程成本核算时，需遵循一系列严谨的步骤以确保核算结果的准确性和可靠性。

首先，应对所有发生的费用进行严格的审核，这一步骤至关重要，因为它决定了哪些费用真正属于生产过程中的合理耗费，进而确定这些费用能否计入工程成本之中，以及应具体计入哪一类产品的成本之中。这一过程要求核算人员具备高度的专业素养和判断力，以确保核算结果的公正性和合理性。

其次，经过审核确认的生产费用需要按照其实际用途进行科学归集与分配。这意味着，不同的费用项目需要被分配到相应的成本核算对象中，以便更加精确地计算出每个产品的制造成本。这一步骤要求核算人员具备扎实的会计基础知识和丰富的实践经验，以确保归集与分配过程的准确性和合理性。

最后，在完成了生产费用的归集与分配之后，需要按照既定的成本核算方法，分别计算出各个成本核算对象的制造成本，并据此确定最终产品的成本。这一过程不仅要求核算人员熟练掌握成本核算的各种方法，还需要他们具备高度的责任心和细致的工作态度，以确保核算结果的准确性和可靠性。

5. 成本分析

成本分析是利用成本核算以及有关计划、统计、定额和技术资料，运用一定的分析方法，研究影响成本升降的诸因素及其形成的原因，挖掘降低成本的潜力的一种管理活动。

成本分析按其用途可分为成本预测分析、成本控制分析和成本计划执行情况的综合分析。进行成本预测分析可提出获得最佳经济效益的降低成本方案，为制订成本计划提供依据。成本控制分析是成本计划实施过程中的分析，通过分析可以及时发现差异，采取措施，使生产耗费控制在预定的限额内，保证成本计划的实现。成本计划执行情况的综合分析，是计划期末对成本的终结分析。综合分析成本计划执行情况，可以对其做出客观评价，既肯定加强管理、降低成本的成绩和经验，又揭示存在的问题和不足，指出进一步降低成本的潜在途径。在分析成本计划执行情况的基础上，按成本责任制的有关规定，体现责、权、利相结合的原则，进一步推进成本管理工作。

（四）成本管理体系的运行

按照建设的指标和需求，成本管理体系可以分为三个层次，分别是公司、项目和岗位。

（1）公司管理层。公司管理层是施工项目的主导，其主要职责包括：①制定项目的总指标和子指标来进行项目成本管理；②制定项目的运营状况监督机制和项目成本管理机制；③制定相关的管理办法；④承担赏罚分明的审核工作。

（2）项目管理层。项目管理层主要职责包括：①制定项目本身的管理方法，前提是依照公司管理的制度方法，使它正常运作；②设定项目本身的成本指标以及具体完善办法，前提是依照公司项目成本的施工指标来设定；③需要对成本目标进行解析，落实到个人。

（3）岗位管理层。岗位管理层起着至关重要的作用，各部门的管理岗位负责人要认真完成工作职责范围内的工作，主要职责包括：①责任落实到每个岗位上的员工；②及时汇报项目的完成情况；③让成本向劳务拓展，一起完成成本的管理任务。

二、公路工程项目成本管理的责任体系

（一）公路工程项目成本管理责任体系的内容

项目成本控制是一项涉及施工生产各个方面的综合性工作。因此项目成本控制体系由项目成本控制标准体系、项目成本控制责任体系和项目成本管理责任体系三部分构成。其中项目成本管理责任体系又包括成本预测体系、成本控制体系和信息流通体系。

1. 成本预测体系

成本预测体系是在企业经营整体目标的指导下，通过对项目成本的预测、决策和计划确定目标成本，再将目标成本进一步层层落实，分解到企业各层次、各部门及生产各个环节，进而形成明确的成本目标，保证成本管理控制的具体实施。

2. 成本控制体系

成本控制体系是进行项目成本管理的组织保证，实际上是围绕着工程项目，企业从纵向和横向上，根据分解的成本目标，对成本形成的整个过程进行控制。其具体内容包括：在投标过程当中对成本的预测、决策和成本计划的事前控制，对施工阶段成本计划实施的

事中控制，对项目验收成本结算评价的事后控制。

3. 信息流通体系

信息流通体系是对成本形成过程中的有关成本信息进行汇总、分析和处理的系统。施工企业各层次、各部门及各生产环节，对成本形成过程中实际成本信息进行收集和反馈，用具体的数据及时、准确地反映成本管理中的情况。反馈的成本信息经过分析处理，对企业各层次、各部门及各生产环节发出调整成本偏差的指令，确保降低成本目标按计划得以实现。

（二）公路工程项目成本管理责任体系的特征

1. 目标职责明晰

项目成本管理责任体系对企业各部门和工程项目的各管理岗位要制定明确的成本目标和岗位职责，使企业各部门和全体职工明确自己为降低项目成本应该做什么和如何做，以及应负的责任和应达到的目标。岗位职责和目标可以包含在实施细则和工作手册中，岗位职责一定要考虑全面、分工明确。

2. 运行程序明确

项目成本管理责任体系必须有明晰的运行程序，其内容主要包括项目成本管理办法、实施细则、工作手册、管理流程、信息载体及传递方式等。运行程序以成本管理文件的形式呈现控制施工成本的方法、过程，使之制度化、规范化，用以指导项目成本管理工作的开展。程序设计要简洁、明晰，保证流程的连续性、程序的可操作性。信息载体和传输应尽可能采用现代化手段，利用计算机及互联网，提高运行程序的先进性。

3. 组织机构完善

项目成本管理责任体系必须有完整的组织机构，保证成本管理活动的有效运行。应根据工程项目不同的特性，因地制宜建立工程项目成本管理责任体系的组织机构。组织机构的设计应包括管理层次、机构设置、职责范围、隶属关系、相互关系及工作接口等。

4. 管理考核严格

项目成本管理责任体系应包括严格的考核制度，考核包括项目成本考核和成本管理体系及其运行质量的考核。项目成本管理是对项目施工成本全过程的实时控制，所以考核也是对全过程的实时考核，绝非工程项目施工完成后的最终考核。当然工程项目施工完成后对施工成本的最终考核也是必不可少的，一般是通过财务报告反映。但如果只是最终考核，由于已经盖棺论定，为时已晚，因此要以全过程的实时考核确保最终考核的通过。

5. 成本核算规范

项目成本核算是在成本范围内，以货币为计量单位，以项目成本直接耗费为对象，在区分收支类别和岗位成本责任的基础上，利用一定的方法，正确组织项目成本核算，全面反映项目成本耗费的核算过程。它是项目成本管理的一个重要组成部分，也是对项目成本管理水平的一个全面系统的反映，因此规范项目成本核算十分重要。

（三）公路工程项目成本管理责任体系的构成

1. 搭建组织机构

组织机构是施工项目成本控制的关键和保障，也是层层落实成本管理目标的重要措施。根据我国公路工程施工企业的现状，组织机构主要包括：组织管理层、项目经理部及岗位层次的组织机构。

（1）组织管理层。组织管理层主要是建立项目成本管理体系，组织体系的运行，行使管理职能和监督职能。负责项目全面成本管理的决策，确定项目合同价格及成本计划，确定项目管理层的成本目标。

（2）项目经理部。项目经理部的成本管理职能是组织项目部人员，在确保工程质量、如期完成工程项目的前提下，制定成本管理方面的具体措施，落实公司制定的各项成本管理规章制度，完成上级确定的施工成本降低目标。项目经理部是工程施工的具体领导机构，其很重要的一项工作是将成本指标进行层层分解，并与各岗位人员签订项目经理部内部责任合同。

（3）岗位层次的组织机构。岗位层次的组织机构即项目经理岗位的设置。由项目经理部根据公司人事部门的工程施工管理办法及工程项目的规模、特点和实际情况进行确定，具体人员可由项目经理部在公司的持证人员中选定。

项目经理部的岗位人员负责完成各岗位的业务工作，落实制度规定的本岗位的成本管理职责，这是成本管理目标得以实现的关键所在。

2. 制定相关文件

制定相关文件是项目成本管理责任体系实施的依据，主要包括：公司层次的项目成本管理办法、项目层次的项目成本管理办法及岗位层次的项目成本管理办法。

（1）公司层次的项目成本管理办法。公司层次的项目成本管理办法主要包括：①项目责任成本的确定及核算办法；②物资管理或控制办法；③项目成本核算办法；④成本的过程控制及审计；⑤成本管理业绩的确定及奖罚办法等。

（2）项目层次的项目成本管理办法。项目层次的项目成本管理办法主要包括：①成本目标的确定办法；②材料及机具管理办法；③成本指标的分解办法及控制措施；④各岗位人员的成本职责；⑤成本记录整理及报表程序。

（3）岗位层次的项目成本管理办法。岗位层次的项目成本管理办法主要包括：①岗位人员日常工作规范；②成本目标的落实措施等。

3. 完善内部配套

公路工程的项目经理部是根据工程管理需要而设置的一次性临时机构，因此项目的成本收益也具有明显的一次性。

工程项目经理部只能对供应到本工程项目的要素拥有支配权和处置权。为保证项目成本管理顺利进行，使经理部获得相应的经济效益，施工企业必须进行项目施工成本管理，完成内部配套工作。配套工作主要包括建立内部模拟要素市场；远离项目施工成本中的市场风险；建立项目施工成本管理体制。

4. 完善其他配套

项目成本管理纵向贯穿工程投标、施工准备、正式施工、竣工结算的全过程，横向覆盖企业的经营、技术、物资、财务、审计等管理部门及项目经理部等现场管理部门，涉及面很广、施工周期长，是一项综合性的管理工作，因此在建立项目成本管理体系的过程中，要注意以成本管理目标（系数）为中心，配置相应的配套或完善管理系统，其主要内容如下。

（1）以确定项目成本核算岗位责任和协调成本管理工作为主要任务，建立企业成本决策和成本管理考核系统。

（2）以确定项目责任成本和项目成本责任范围为主要任务，建立由预算、计划部门牵头，生产、技术、劳资等部门参加的项目成本测算管理系统。

（3）以落实项目成本支出和消耗为主要任务，建立由财务部门牵头，物资、设备、劳动等部门参加的项目成本核算的管理系统。

（4）以建立工程各项专业管理为主要任务，建立企业生产管理和经济管理系统。

（5）以建立健全企业内部模拟市场管理为主要任务，建立由物资部门牵头，设备、劳动等部门参加的工程施工内部要素市场管理系统。

第三节 公路工程项目成本计划及控制管理

一、公路工程项目成本计划的编制

（一）成本计划的编制程序

工程项目的成本计划工作是一项非常重要的工作，不应仅仅把它看作几张计划表的编制，它是项目成本管理的决策过程，即选定技术上可行、经济上合理的最优降低成本方案。同时，成本计划把目标成本层层分解，落实到施工过程的每个环节，以调动全体职工的积极性，有效地进行成本控制。编制成本计划的程序，因项目的规模大小、管理要求不同而不同，大中型项目一般采用分级编制的方式，即先由各部门提出部门成本计划，再由项目经理部汇总和编制整个项目工程的成本计划；小型项目一般采用集中编制方式，即由项目经理部先编制各部门成本计划，再汇总编制整个项目的成本计划。

（1）搜集和整理资料。广泛搜集资料并进行归纳整理是编制成本计划的必要步骤。

所需搜集的资料也是编制成本计划的依据。这些资料主要包括国家和上级有关部门编制成本计划的规定；项目经理部与企业签订的承包合同及企业下达的成本降低额、成本降低率和其他有关技术经济指标；有关成本预测、决策的资料；施工项目的施工图预算、施工预算；施工组织设计；施工项目使用的机械设备生产能力及其利用情况；施工项目的材料消耗、物资供应、劳动工资及劳动效率等计划资料；计划期内的物资消耗定额、劳动工时定额、费用定额等资料；以往同类项目成本计划的实际执行情况及有关技术经济指标完成情况的分析资料；同行业同类项目的成本、定额、技术经济指标资料及增产节约的经验和有效措施；本企业的历史先进水平和当时的先进经验及采取的措施；国外同类项目的先进成本计划水平等资料。此外，项目经理部还应深入分析当前情况和未来的发展趋势，了解影响成本升降的各种有利和不利因素，研究如何克服不利因素和降低成本的具体措施，为编制成本计划提供丰富、具体、可靠的成本资料。

（2）确定目标成本。根据收集的资料，进行成本预测，并根据公司所要求的目标利润额，计算出目标成本。

（3）测算目标成本降低率。目标成本降低额为项目的预算成本减去项目的目标成本，如果目标成本降低率小于指定的任务降低率，则需要进行相应的调整，如增大项目的目标利润。

（4）分解目标成本。如果项目目标成本降低率不小于任务降低率，则进入分解目标成本环节。分解目标成本即将总目标进行分解并落实到各相关部门或班组，大多采用工作分解法（work breakdown structure，WBS）。工作分解法又称工作分解结构，它的特点是以施工图设计为基础，以本企业做出的项目施工组织设计及技术方案为依据，以实际价格和计划的物资、材料、人工、机械等消耗量为基准，估算工程项目的实际成本费用，据以确定目标成本。

（5）分析、挖掘、寻找降低成本的措施。分解任务后，各职能部门将针对所负责的工作进行分析，挖掘降低成本的有效技术手段。例如，根据估算成本的计算公式，可以知道估算成本主要由两个因素决定，即可确认单位的数量和历史基础成本，也就是通常所说的消耗量与单位成本。因此，挖掘降低成本的有效方法，也需要从这两个方面着手：一是降低材料消耗；二是降低价格。通常，可以通过改进生产施工工艺、引入新型材料、引入新技术等手段来达到降低材料消耗的目的。价格则可以通过集团采购等手段来降低。另外，资源的合理调度、工序的合理安排等也可以缩减工期，从而达到降低成本的目的。

（6）确定成本计划，提出定额、费用预算。在各职能部门上报了部门成本计划和费用预算后，项目经理部应先结合各项技术经济措施，检查各计划和费用预算是否合理可行，并进行综合平衡，使各部门计划和费用预算之间相互协调、衔接。

（7）测算成本降低率。根据汇总的成本计划，计算其成本降低率。如果大于或等于目标成本降低率，则该成本计划达到要求，可以最终定稿。如果不满足目标成本降低率的要求，则需要返回分解目标成本环节，重新思考，认真挖掘降低成本的有效方法和技术。

（8）确定定额、费用预算，编制成本计划。如果经测算，成本降低率满足要求，则确定定额、费用预算，项目经理部将按照这些数据，正式编制成本计划。

（二）成本计划的编制方法

工程项目成本计划编制工作主要是在项目经理的负责下，在成本预、决策的基础上进行的。成本计划编制工作的关键前提是确定目标成本，这是成本计划的核心，是成本管理所要达到的目的。目标成本通常以项目成本总降低额和降低率来定量表示。项目目标成本的方向性、综合性和预测性，决定了必须选择科学地确定目标成本的方法。成本计划有以下编制方法。

1. 施工预算法

施工预算法是以施工图中的工程实物量，套以施工工料消耗定额，计算工料消耗量，并进行工料汇总，然后统一以货币形式反映施工生产耗费水平。以施工工料消耗定额所计算的施工生产耗费水平，基本是一个不变的常数。一个施工项目要实现较高的经济效益，就必须在这个常数的基础上采取技术节约措施，以降低消耗定额的单位消耗量和价格，从而达到成本计划的目标成本水平。因此，采用施工预算法编制成本计划时，必须考虑结合技术节约措施计划，以进一步降低施工生产耗费水平。

2. 技术节约措施法

技术节约措施法，作为一种成本管理方法，其核心在于通过预测并实施特定的技术组织措施与节约措施，以期达到降低施工项目成本的目的。具体而言，这种方法首先识别并规划出一系列针对施工项目的技术改进措施和节约成本的策略，随后评估这些措施和策略能够带来的经济效果，即预期的成本降低额。基于这一评估结果，进一步计算出施工项目的计划成本，以确保项目在成本控制上更具前瞻性和科学性。

3. 成本习性法

成本习性法是在编制成本计划时，根据成本习性将成本划分为固定成本和变动成本的一种方法。这种方法通过明确成本随产量变化的特性，为成本预测、控制及计划制定提供了重要依据。具体划分过程中，常采用费用分解法详细区分各项成本归属。

（1）材料费：由于材料费通常与产品的生产数量直接相关，因此被归类为变动成本。随着产量的增加，材料消耗也相应增加，反之亦然。

（2）人工费：在计时工资制下，生产工人的基本工资部分因其不因产量变化而增减，故被视为固定成本。然而，若采用计件超额工资制，则计件工资部分会随产量变动而增减，属于变动成本。此外，奖金、效益工资和浮动工资等，因其与产量或经济效益挂钩，也应计入变动成本范畴。

（3）机械使用费：机械使用费中，燃料费、动力费等因直接参与生产过程并随产量变化而变动，故属于变动成本。而机械折旧费、大修理费、机修工和操作工的基本工资等，则因不直接受产量影响，被视为固定成本。至于机械的场外运输费、组装拆卸费、替换配件费、润滑擦拭等经常修理费，由于其分摊方式受生产能力利用情况影响，既不完全固定也不完全变动，故可视为半变动成本，并可根据实际情况按比例划归固定成本与变动成本。

（4）其他直接费：如水电费以及现场发生的材料二次搬运费等，多数因直接服务于生产过程并与产量密切相关，故被归类为变动成本。

（5）施工管理费：施工管理费中，如工作人员工资、生产工人辅助工资、工资附加费、办公费、差旅交通费、固定资产使用费、职工教育经费、上级管理费等，在一定产量范围内通常保持相对稳定，与产量的增减无直接联系，故被视为固定成本。然而，检验试验费、外单位管理费等费用因其与产量增减有直接联系，故属于变动成本。此外，劳动保护费中的部分费用，如劳动保护服装费、防暑降温费、防寒用品费等，因有明确的领用标准和使用年限，故基本属于固定成本；而技术安全措施费、保健费等因其大部分与产量有关，故被归类为变动成本。在工具用具使用费方面，行政人员使用的家具费用属于固定成本；工人领用的工具费用则可能因管理制度的不同而有所差异，部分可视为固定成本，部分则属于变动成本。

（三）工期—累计计划成本曲线（S形曲线）

在施工项目网络计划的科学指导下，项目经理部应将计划成本细致分解并落实到工程项目结构分解的每一个具体项目单元上。这一计划成本随后会在各个项目单元（工作任务）的预计持续时间内进行合理分配。通过这样的分配可以得到工期—累计计划成本曲线。从整个工程项目的进展全过程来看，通常在项目开始和结束时，单位时间内投入的资源与成本相对较少，而在项目的中间阶段，单位时间内的资源投入量会显著增加，相应地，单位时间的成本或完成的任务量也会呈现相似的变化趋势。因此，工期—累计计划成本曲线在开始、中间和结束阶段的斜率各不相同，整体呈现为"S"形，故得名S形曲线。这一曲线不仅直观地反映了项目成本的动态变化，还常被视为该项目的成本模型。

在分配计划成本至各项目单元的持续时间时，需基于一定假设，这些假设可以是平均分配，也可以是根据实际工程进展情况灵活调整分配比例。

S形曲线的价值在于其能够提供丰富的对比分析功能。通过对比不同工期（进度）方案、不同技术方案下的S形曲线，可以为项目决策提供有力支持。此外，在项目实施过程中，结合实际工程成本和进度数据，还可以构建项目的实际成本模型，进而对计划成本与实际成本、计划进度与实际进度进行全面对比。这一过程对于准确把握工程进度、深入分析成本进度状况、科学预测成本趋势具有重要意义。而基于S形曲线进行成本与进度控制的方法，正是"赢得值原理"的生动实践。

　　需要注意的是，尽管 S 形曲线在项目管理中具有广泛的应用价值，但其预测结果仍可能存在一定的误差范围，通常是 10% ~ 20%。然而，这种基于科学方法和数据分析的预测方式，相较于完全依赖个人猜测或判断的决策方式，无疑更为可靠和有效。

　　关于 S 形曲线的绘制方法，简要概述如下。

　　第一，在网络分析的基础上，明确项目名称，并根据各个工作任务的最早开始时间绘制横道图。同时，确定各项目单元的工程量及相应的工程计划成本（这些成本可以根据委托合同价、预算成本价等进行详细分解）。

　　第二，确定工程成本在各工作任务持续时间内的分配比例（通常采用平均分配法，但也可根据实际情况灵活调整）。基于这一分配比例，计算出各活动的计划成本强度。

　　第三，按照项目总工期，将各期（如每周、每月）各活动的计划成本在时间—成本坐标系中进行汇总，从而得到各时间段的成本强度。

　　第四，以直方图的形式绘制成本—工期图，直观展示各时间段的成本分布情况。

　　第五，计算各期期末的计划成本累计值，并在时间与成本坐标系中标出这些点。随后，用直线段连接这些点，形成一条连贯的 S 形曲线。

　　值得强调的是，随着计算机技术的飞速发展，如今已无须再通过烦琐的手工描点描迹方法来绘制 S 形曲线。许多先进的项目管理软件（如广联达）都具备自动生成 S 形曲线的功能，极大地提高了工作效率和准确性。

二、公路工程项目成本计划的优化

　　在保证质量、安全的前提下，考虑节约成本投入，创造出满意的经济效益，并使其最大化，是建设完成好项目的关键。因此，工程项目成本计划的优化就显得尤为重要。工程项目成本计划的优化包括进度成本优化和质量成本优化。

（一）工程项目进度成本优化

　　工程项目进度成本优化的核心目标是寻求在最低成本下的最佳进度安排，这一过程旨在通过优化工程进度计划降低工程总成本。

　　工程项目进度计划所涵盖的费用主要包括直接成本和间接成本两大类。直接成本，作为构成工程实体及辅助工程形成过程中不可或缺的费用，具体涵盖了人工费、材料费、机械设备费以及措施费等各项开支。而间接成本，则主要由规费和企业管理费等非直接用于工程实体的费用组成。在常规情况下，随着工期的缩短，直接成本往往会因赶工等原因而有所增加，而间接成本，如管理费等，则会因时间缩短而相应减少。

　　直接成本与间接成本之和构成了工程项目的总成本费用。进度成本优化的目标，即是在所有可能的工期安排中，找到使总成本费用达到最低值的那一个工期点。基于这一工期点来制订进度成本计划，实质上就是实现了成本最低的进度优化。这种优化方法的核心在于，通过调整工期来反向优化成本计划，确保两者之间的最佳匹配。

为了实现最低成本费用和最优工期的目标，可以采用以下基本思路：首先，深入分析网络计划中各项活动的持续时间与成本费用之间的关系，识别出那些能够在缩短工期的同时，使直接成本增加最少的活动。随后，通过不断缩短这些活动的持续时间，并同时考虑间接成本的叠加效应，逐步逼近并确定出使工程成本费用达到最低时的最优工期。最后，以这一最优工期为基准来安排进度成本计划，从而确保工程项目在成本效益上达到最优化状态。

（二）工程项目质量成本优化

工程项目管理追求的不是绝对最优或最完美的工程质量，而是实现符合项目预定目标及合同规定要求的高质量工程。分析工程项目质量成本的目的是找到并实现最佳的质量成本平衡点。

工程项目质量成本，简言之，是指工程项目组织为确保和提升产品质量所付出的费用总和，以及因未达到既定质量标准而产生的所有损失费用。这一成本概念具体可细分为以下四个部分。

第一，内部损失成本（或称内部故障成本），指的是在产品交付给客户之前，因产品未能满足既定的质量要求而引发的各项费用支出，包括但不限于重新提供服务、重新加工、返工、重新试验及报废等所产生的成本。

第二，外部损失成本（或称外部故障成本），则是指产品交付后，因质量不达标而给客户或企业带来的额外费用，如产品维护与维修费用、担保与退货费用、直接损失与折扣、产品回收费用以及可能的责任赔偿费用等。

第三，预防成本，这部分费用用于预防和减少质量问题的发生，包括质量工作计划的制订与执行、工序能力的控制与研究、质量情报的收集与分析、质量管理教育与培训以及各类质量管理活动所产生的费用。预防成本的投入旨在将故障成本和鉴定成本降至最低。

第四，鉴定成本，指的是为验证产品或服务是否符合质量要求而进行的试验、检验和检查所产生的费用。

值得注意的是，这四个部分在不同施工项目中的比例各不相同，但其发展趋势却遵循一定的规律。在项目初期，由于质量水平可能较低，鉴定成本和预防成本往往处于较低水平；随着质量要求的提升，这两项费用会逐渐增加；然而，当质量水平达到一定程度后，若要进一步提升，这两项费用的增长速度会显著加快。相比之下，内部损失成本和外部损失成本则呈现出相反的趋势：在合格率较低时，这两项成本较高；但随着质量要求的提高和合格率的提升，它们会逐渐下降。

三、公路工程项目施工成本的控制措施

"公路工程作为推动城市及社会经济发展的重要项目，近几年得到了广泛关注，且随着新型城市建设目标的提出，公路工程建设标准和规范也发生了较大变革。为保证公路工程质量，提高公路部门的经济效益，在工程建设中，就应加大成本管控力度，以实现资源、资金的合理利用，推动公路运输行业的长远发展。"[①]降低施工项目成本是施工企业关心的重要问题之一，也是施工企业增加收益、提高市场占有率的主要途径。降低施工项目成本的途径，应该是既开源又节流，或者说既增收又节支。只开源不节流，或者只节流不开源，都不可能达到降低成本的目的，至少不会达到理想的降低成本的效果。控制施工项目成本的措施从强化现场施工管理方面归纳起来有事前计划、事中控制与事后分析三大方面。

（一）事前计划

在项目开工前，项目经理部应做好前期准备工作，认真会审图纸，研究合同细节，选定先进的施工方案，选择合适的材料供应商，制订每期的项目成本计划，做到胸中有数。

1. 认真会审图纸

在项目施工过程中，施工单位必须按图施工。但是，图纸是由设计单位按照业主要求和项目所在地的自然地理条件设计的，其中起决定作用的是设计人员的主观意图，很少考虑为施工单位提供方便。因此，施工单位在接到图纸后，首要的、基本的工作就是认真审查图纸。根据图纸要求，在满足业主要求和保证工程质量的前提下，结合企业自身条件，项目所处的自然、经济、技术环境，综合分析、评价项目实施的难度，并提出积极的修改意见，在取得业主和设计单位的同意后，修改设计图纸，同时办理增减账手续。在会审图纸的时候，对于结构复杂、施工难度高的项目，更要加倍认真，并且要从方便施工、有利于加快工程进度和保证工程质量、降低资源消耗、增加工程收入等方面综合考虑，对设计中的不合理之处，提出有科学根据的合理化建议，争取业主和设计单位的认同。

2. 加强合同管理

合同管理是施工项目管理的重要内容，也是降低工程成本、提高经济效益的有效途径。项目施工合同管理的时间范围应从合同谈判开始，至保修期结束为止。施工过程中的合同管理应特别注意以下方面。

（1）根据工程变更资料，及时办理增减账手续。由于设计、施工和业主要求等，工程变更是项目施工过程中经常发生的事情，是不以人们的意志为转移的。工程的变更必然会带来工程内容的增减和施工工序的改变，从而也会影响成本费用的支出。因此，施工单位应就工程变更对既定施工方法、机械设备使用、材料供应、劳动力调配和工期目标等的影响程度，以及为实施变更内容所需要的各种资源进行合理估价，及时办理增减账手续，并通过工程款结算取得补偿。

---

① 张天雷. 公路工程项目成本管理策略 [J]. 价值工程，2021，40（10）：82-83.

（2）认真研究合同条款，强化索赔观念，加强索赔管理。在竞争日趋激烈的市场中，施工企业面临着施工风险，特别是承包国际工程时，更离不开索赔。索赔可以弥补承包商不应承受的风险损失，使承包工程的合同风险分担程度趋于合理。因此，寻找一切有力证据进行合理索赔，变不利为有利，争取最佳收益，就需要加强索赔意识、合同意识、时间观念和成本观念，培养索赔的管理能力，提高合同管理水平。

（3）用好调价文件，正确计算价差，及时办理结算。随着市场经济的不断完善，各种价格要素由市场调节，在工程建设活动中，价格变化对成本的影响，在工程结算时必须及时、客观、全面地予以考虑。目前国内工程主要采用调价系数和实际价格差价方法，这种方法相对简单一些。国际工程大多采用调值公式法进行调价。

3. 选择施工方案，拟定组织措施

（1）施工方案的选择。项目施工是形成最终建筑产品全过程的主要环节。每一个施工企业必须对施工过程进行科学的计划、组织、控制，充分利用人力和物力，以保证全面、均衡、优质、低消耗地完成施工任务。施工方案不同，工期就会不同，所需机具也不同，因而发生的费用也会不同。因此，正确选择施工方案是降低成本的关键所在。

制定施工方案要以合同工期和施工图设计为依据，结合项目的规模、性质、复杂程度、现场条件、装备情况、人员素质等因素综合考虑。可以同时制定几个施工方案，倾听现场施工人员的意见，以便从中选择最合理、最经济的。同时，施工项目的施工方案应该同时具有先进性和可行性。如果只具有先进性，不具有可行性，不能在施工中发挥有效的指导作用，那就不是最佳施工方案。

（2）拟定技术组织措施。为了全面完成施工任务，在施工之前应先做好施工准备阶段的管理工作，如编制施工组织设计、编制工程预算、落实施工任务和组织材料采购工作等。从降低工程成本角度来说，不仅在施工过程中要大力节约施工费用，在施工准备阶段也要十分注意经济效益。具体地说，项目应在开工之前根据工程情况制订技术组织措施计划，作为降低成本计划的内容之一列入施工组织设计。在编制月度施工作业计划的同时，可按照作业计划的内容编制月度技术组织措施计划。

为了保证技术组织措施计划的落实，并取得预期的效果，应在项目经理的领导下明确分工：由工程技术人员制定措施，材料人员供应材料，现场管理人员和生产班组负责执行，财务成本员结算节约效果，项目经理根据措施执行情况和节约效果对有关人员进行奖励。必须强调的是，在结算技术组织措施执行效果时，除要按定额等进行理论计算外，还要做好节约实物的验收，防止"理论上节约，实际上超用"的情况发生。

4. 制订成本计划

成本计划是项目实施之前所做的成本管理准备活动，是项目管理系统运行的基础和先决条件，是根据内部承包合同确定的目标成本。公司应根据施工组织设计和生产要素的配置等情况，按施工进度计划，确定每个项目月（季）成本计划和项目总成本计划，计算出保本点和目标利润，作为控制施工过程生产成本的依据，使项目经理部人员及施工人员无论在工程进行到何种进度时，都能事前清楚知道自己的目标成本，以便采取相应手段控制成本。

（二）事中控制

事中控制是指在项目施工过程中，按照所选的技术方案，组织均衡施工，加快施工进度，同时加强质量管理，控制质量成本，减少返工损失；在施工过程中时刻按照成本计划进行检查和控制，在管理上坚持现场管理标准化，堵塞浪费漏洞；定期开展"三同步"检查，防止项目成本盈亏异常。

1. 节约材料消耗

材料成本在公路施工项目中占有很大比重，一般占 60% ~ 70%，有较大的节约潜力。因此，加强材料的采购、运输、储存、使用等各个环节，可以减少材料损耗，从而降低工程成本。对公路施工项目而言，节约材料消耗应从以下方面入手。

（1）建立健全项目材料管理责任制。项目经理全面负责，包干到人，定期组织检查和考核。

（2）加强现场平面管理。根据不同施工阶段供应材料品种和数量的变化，调整存料场地，减少搬运，降低堆放仓储损耗。同时还要考虑资金时间价值，减少资金占用，合理确定进货批量和批次，尽可能降低材料储备。

（3）认真执行现场材料收、发、领、退、回收管理标准。建立健全原始记录及台账，定期组织盘点，抓好业务核算。

（4）严格进行使用中的材料管理。采取承包和限额领料等形式，监督和控制班组合理用料，加强检查，定期考核，努力降低材料消耗。

2. 组织材料进出场

一个项目往往有上百种材料，因此合理安排材料进出场的时间特别重要。项目经理部应当根据定额和施工进度编制材料计划，确定好材料的进出场时间。若材料进场太早，就会早付款给材料供应商，增加贷款利息，还可能增加二次搬运费，有些易受潮的材料还可能因堆放太久而不能使用，需重新订货，增加成本；若材料进场太晚，不但影响进度，还可能造成误期罚款或增加赶工费。

项目经理部应把好材料领用关和投料关，降低材料损耗率。材料的品种、数量、使用位置不同，其损耗也不同。为了降低材料损耗率，项目经理应组织工程师根据现场实际情况与分包商确定一个合理的材料损耗率，由其包干使用，节约双方分成，若超额则扣工程款，这样可使材料用量与每一个分包商或施工人员的经济利益挂钩，从而降低整个工程的材料成本。

3. 节约间接费用

公路施工项目的间接费为现场管理费。对现场管理费的管理，应做好以下工作。

（1）精简项目机构。合理配置项目部成员，减少管理层次，提高设备器具的使用效率，提高工作质量和效率，实行费用定额管理。

（2）工程程序及工程质量的管理。一项工程在具体实施中往往受时间、条件的限制而不能按期顺利进行，这就要求合理调度，循序渐进。

（3）建立质量控制小组。促进管理水平不断提高，减少管理费用支出。

4. 均衡施工，加快施工进度

凡是按时间计算的成本费用，如项目管理人员的工资和办公费、现场临时设施费和水电费，以及施工机械和周转设备的租赁费等，在加快施工进度、缩短施工周期的情况下，都会有明显的节约。除此之外，还可能从业主那里得到一笔提前竣工奖。因此，加快施工进度也是降低项目成本的有效途径之一。

加快施工进度将会增加一定的成本支出。例如，在组织两班制施工的时候，需要增加夜间施工的照明费和工效损失费；同时，还将增加模板的使用量和租赁费。因此，在签订合同时，应根据合同和赶工要求，将赶工费列入工程预算。如果事先并未明确，而在施工中临时提出赶工要求，则应请监理签证，费用按实结算。

5. 加强质量管理，减少返工

建筑产品使用时间长，造价高，又是国民经济中固定资产的重要组成部分，因而其质量对社会经济和人民生活有着重大的影响。在施工过程中，项目管理部如果能够高度重视工程质量，控制质量成本，不仅能减少返工损失，降低工程成本，而且工程竣工交付使用后能够延长使用寿命，保障人民的安全。如果在施工过程中经常发生工程质量事故，就会造成人力、物力、财力的浪费，增加工程成本，甚至可能给国家和人民生命财产造成重大损失。因此，项目管理部应十分重视提高工程质量水平，降低质量成本，避免返工。

6. 现场管理标准化

现场管理标准化的范围很广，比较突出而又需要特别关注的是现场平面布置管理和现场安全生产管理，稍有不慎，就会造成浪费和损失。

（1）现场平面布置管理。施工现场的平面布置，是根据工程特点和场地条件，以配合施工为前提合理安排的，有一定的科学依据。但是，在施工过程中，往往会出现不执行现场平面布置，造成人力、物力浪费的情况。

（2）现场安全生产管理。现场安全生产管理的目的，在于保护施工现场的人身安全和设备安全，减少不必要的损失。要达到这个目的，就必须按规定的标准去管理，不允许有任何细小的疏忽。否则，将会造成难以估量的损失。

7. 定期"三同步"检查

项目经济核算的"三同步"，就是统计核算、业务核算、会计核算的"三同步"。统计核算即产值统计，业务核算即人力资源和物质资源的消耗统计，会计核算即成本会计核算。根据项目经济活动的规律，这三者之间有着必然的同步关系。这种规律性的同步关系具体表现为：完成的产值、消耗的资源、发生的成本，三者应该同步。否则，项目就会出现盈亏异常情况。

开展"三同步"检查的目的，在于查明不同步的原因，纠正项目盈亏偏差。"三同步"的检查方法可从以下三个方面入手。

（1）时间上的同步。产值统计、资源消耗统计和成本核算的时间应该统一。如果在时间上不统一，就不可能实现核算口径的同步。

（2）分部分项工程直接工程费的同步。检查产值统计与施工任务单的实际工程量和形象进度是否相符；资源消耗统计与施工任务单的实际消耗人工和限额领料单的实际消耗材料是否相符；机械和周转材料的租赁费与施工任务单的施工时间是否相符。如果不符，应查明原因，予以纠正，直到同步为止。

（3）其他费用是否同步。其他费用需要将报表与财务付款逐项核对才能查明是否同步。

（三）事后分析

事后分析是下一个循环周期事前科学预测的开始，是成本控制工作的继续。在坚持每月（季）综合分析的基础上，采取回头看的方法，及时检查、分析、修正、补充，以达到控制成本和提高效益的目标。

第一，根据项目部制定的考核制度，对成本管理责任部室、相关部室、责任人员、相关人员及施工作业队进行考核，考核的重点是完成工作量、材料费、人工费及机械使用费四大指标，根据考核结果决定奖罚和任免，体现奖优罚劣的原则。

第二，及时进行竣工总成本结算。工程完工后，项目经理部将转向新的项目，应组织有关人员及时清理现场的剩余材料和机械，辞退不需要的人员，支付应付的费用，以防止工程竣工后继续发生包括管理费在内的各种费用。同时，由于参加施工人员的调离，各种成本资料容易丢失，项目经理部应根据施工过程中的成本核算情况，做好竣工总成本的结算，并根据竣工总成本的结算结果，评价项目的成本管理工作，总结得与失，及时对项目经理及有关人员进行奖罚。

对工程施工过程的三个阶段实施成本控制措施，可以最大限度地降低工程的成本，提高项目的盈利能力。

第三章 公路工程的施工组织与进度管理

面对日益复杂的工程环境和紧迫的工期要求，科学合理的施工组织设计与有效的进度控制成为确保工程顺利推进、按时交付的关键。本章首先探讨施工方案的确定，为后续工作奠定坚实基础；其次，详细阐述施工组织设计的编制要点，确保施工计划的系统性与可行性；最后，聚焦于施工进度的控制管理，以保障工程进度目标的实现。本章的研究内容对于提升公路工程管理效率、促进项目顺利实施具有重要的理论与实践意义。

第一节 公路工程施工方案的确定

施工方案是指对工、料、机等生产要素所做的总体设想和安排。施工方案是编制施工组织设计首先要考虑的问题，也是决定其他内容的基础。施工方案的选择是决定整个工程全局的关键，施工方案一经确定，则整个工程施工的进程、人力及机械的需要和布置、工程质量、施工安全、工程成本、现场的状况等也就随之被规定下来。施工组织的各个方面都无一不与施工方案发生联系而受到重大影响。施工方案的优劣，在很大程度上决定了施工组织设计的质量和施工任务完成的好坏。因此，确定一个先进合理、切实可行的施工方案，是公路工程施工组织设计的重要内容。

选择施工方案的基本要求是：科学合理；组织严密；实用性强；施工期限满足业主要求；确保工程质量和施工安全；工、料、机消耗和施工费用最低。

工程施工方案主要包括技术方面（施工方法的制定、施工机具的选择）和组织方面（施工顺序的安排、流水施工的组织）的内容。

一、公路工程施工方案技术的确定

（一）施工方法的制定

"施工方案是指工、料、机等生产要素的有效结合方式。施工组织设计的质量和施工任务完成的好坏主要是看施工方案的优劣。公路是交通网的重要组成部分，是发展经济的重要基础设施。为了给我国经济发展提供良好的交通环境，应该对公路施工技术方案及施工质量的管理进行深入系统的研究。"[①] 公路工程施工方法的制定是实现工程质量、提高劳动生产率、加快施工进度及充分利用施工机械的关键。对于采用新技术、新工艺、新材

① 赵艳艳，张忠洋.浅谈公路工程施工方案与质量管理[J].企业文化（下旬刊），2015（6）：154-154.

料、新设备或对施工质量起关键作用的项目，以及技术复杂、工人操作不熟练的工序，施工方案中应详细说明施工方法和技术措施。必要时，应单独编制施工作业设计指导书。而对于工人已熟练掌握的常规做法，则可不必详述。

施工方法是施工方案的核心内容，技术上必须保证工程质量、提高劳动生产率、加快施工进度，并在经济上做到合理。在拟定工程施工方法时，要明确指出该施工项目的质量标准及确保质量和安全的措施。施工方法必须具备实现的可能性，满足合同工期的要求，进行多种可能方案的经济比较以降低成本，并尽量采用机械化施工以加快施工进度。

施工方法的确定需考虑工程特点、工期要求、施工条件、质量要求等因素，因此不同类型工程的施工方法存在很大差异。即便是同一种工程，其施工作业方法也有多种可供选择，如路基填土拌和时的路拌法和厂拌法，桥梁安装时的木扒杆、桥机或起重设备等方法。

（二）施工机具的选择

施工方法确定后，机械设备的选择应以满足施工方法的要求为基本原则。正确选择施工机械对于使施工方法更为先进、合理至关重要。施工机械的选择在很大程度上决定了施工方案的优劣，因此在选择时应注意以下方面。

第一，遵循施工条件：选择施工机械时，必须符合施工现场的地质、地形等条件及施工进度等要求。

第二，符合施工企业情况：选择施工机械时，要考虑企业的实际拥有情况和购置成本，确保选择的机械既合适又经济。

第三，坚持经济性原则：施工机械在使用过程中会产生损耗费和运行费，因此应以满足施工需要为目的，避免使用多功能机械设备完成单一工作。

第四，遵循合理配合的原则：选择施工机械时，要确保主导施工机械的充分利用，并合理配置辅助施工机械，以保证施工的连续性和效率。

第五，从全局出发，统筹考虑选择：选择施工机械时，不仅要考虑本项工程的需求，还要考虑同一施工现场其他工程的需求。

第六，购置机械和租赁机械的选择：根据工程量的大小和企业资金情况，对施工所需要的机械是购置还是租赁，要进行综合比较和选择。

通过综合考虑这些因素，可以合理选择施工机械，确保施工方案的科学性、经济性和可行性，从而提高施工效率和工程质量。

施工机械的设备配置，主要包括以下类型。

1.路基工程施工

路基工程施工是基础设施建设中的重要环节，其机械设备的合理配置对于工程的顺利进行至关重要。

（1）机械设备的种类。路基工程施工所需的机械设备主要包括推土机、装载机、挖掘机、铲运机、平地机、压路机、凿岩机以及石料破碎和筛分设备。应根据具体的工程作业要求，合理选择相应的机械设备。

（2）机械设备的配置方案。在路基施工前的准备工作，如清基和料场准备，主要使用的机械设备包括推土机、挖掘机、装载机和平地机。对于沼泽地段的土方挖运任务，应优先考虑使用湿地推土机。土方开挖工程中，主要使用的机械设备有推土机、装载机、挖掘机、铲运机和自卸汽车等。石方开挖工程中，主要使用的机械设备包括挖掘机、推土机、移动式空气压缩机、凿岩机和爆破设备等。土石填筑工程中，主要使用的机械设备有推土机、铲运机、羊足碾、压路机、洒水车、平地机和自卸汽车等。路基整形工程中，主要使用的机械设备包括平地机、推土机和挖掘机等。

在施工过程中，除了选择合适的机械设备外，还应重视设备的操作安全和定期维护保养，以确保施工的顺利进行和工程质量。

2. 路面基层施工

路面基层施工机械设备的配置应遵循的原则，主要包括：①确保达到计划生产量和工期要求；②充分利用主导机械的生产能力；③保持主导机械与辅助机械及运输工具之间的工作能力平衡，实现机械的合理配合利用；④进行比较和核算，以降低成本，使机械设备经营费用降至最低。

路面基层施工机械设备的配置方案，具体如下。

（1）基层材料拌和设备。选择集中拌和（厂拌）时，采用成套的稳定土拌和设备；现场拌和（路拌）时，采用稳定土拌和机。

（2）摊铺平整机械。选择拌和料摊铺机、平地机、石屑或厂料撒布车。

（3）装运机械。选择装载机和运输车辆。

（4）压实设备。选择压路机。

（5）清除设备和养护设备。选择清除机、洒水车。

3. 沥青路面施工

沥青路面施工是道路建设中的关键环节，其施工机械设备的合理配置对于工程的质量和效率至关重要。

（1）沥青混凝土搅拌设备的配置。应根据工程的工作量和工期要求，选择相应生产能力的搅拌设备。一般而言，搅拌设备的生产能力应达到摊铺能力的70%左右。沥青混合料拌和厂通常包括原材料存放场地、沥青储存及加热设备、搅拌设备、试验室和办公用房。对于高等级公路，推荐选用生产效率高的强制间歇式沥青混凝土搅拌设备。路面施工机械应优先选择自动化程度高、生产能力强的设备，以摊铺和拌和机械为主导，并与自卸汽车、碾压设备等配套作业，通过优化组合实现沥青路面施工的全面机械化。

（2）沥青混凝土摊铺机的配置。摊铺机的摊铺宽度应根据实际工程需求确定，通常每台摊铺机的摊铺宽度不宜超过7.5 m，以确保施工质量和效率。

（3）沥青路面压实机械配置。沥青路面压实是确保路面密实度和耐久性的重要环节。压实机械通常包括光轮压路机、轮胎压路机和双轮双振动压路机等，应根据路面结构层的厚度和材料特性选择合适的压实设备。

4. 混凝土路面施工

混凝土路面施工设备通常包括混凝土搅拌楼、装载机、运输车、布料机、挖掘机、吊车、滑模摊铺机、整平梁、拉毛养护机、切缝机、洒水车等，应根据施工方法进行配置。

（1）滑模式摊铺施工。水泥混凝土搅拌楼的容量应满足滑模摊铺机施工速度 1 m/min 的要求。对于高等级公路施工，宜选配宽度为 7.5 ~ 12.5 m 的大型滑模摊铺机。远距离运输时，宜选择混凝土罐送车，并可配备一台轮胎式挖掘机以辅助布料作业。

（2）轨道式摊铺施工。除了水泥混凝土生产和运输设备外，还需配备卸料机、摊铺机、振捣机、整平机、拉毛养护机等，以确保施工的连续性和效率。

5. 桥梁工程施工

桥梁工程施工是基础设施建设中技术要求较高的部分，其施工机械的合理配置对于工程的质量和效率至关重要。

（1）通用施工机械。常用的通用施工机械包括各类吊车、运输车辆和自卸汽车等。混凝土生产与运输机械主要包括混凝土搅拌站、混凝土运输车、混凝土泵和混凝土泵车。

（2）下部施工机械。下部施工机械分为预制桩施工机械和灌注桩施工机械。预制桩施工机械包括蒸汽打桩机、液压打桩机、振动沉拔桩机、静压沉桩机等。灌注桩施工机械则根据施工方法的不同配置相应的全套管钻机、旋转钻机（包括有钻杆和无钻杆类型）、旋挖钻孔机、冲击钻机和螺旋钻机。

（3）上部施工机械。上部施工机械的配置同样依据施工方法而定。顶推法施工需要油泵车、大吨位千斤顶、导向装置等设备；滑模施工法需要滑移模架、卷扬机油泵、油缸、钢模板等；悬臂施工法需要吊车和专门设计的挂篮设备；预制吊装施工法需要各类吊车或卷扬机、万能杆件、贝雷架等；满堂支架现浇法需要各类万能杆件、贝雷架和轻型钢管支架等。

对于跨海大桥等特殊环境下的施工，还需配置打桩船、浮吊、搅拌船等专业施工设备。

在施工过程中，除了合理配置机械设备外，还应重视施工安全、环境保护和施工质量控制，确保桥梁工程施工的顺利进行和工程质量。

6. 隧道工程施工

隧道工程施工需根据隧道类型和施工方法的不同，选择相应的施工机械设备。一般土石方机械可用于某些隧道施工，而对于特殊类型的隧道，则需使用专用施工机械，如隧道掘进机（tunnel boring machine，TBM）、壁式掘进机、液压冲击锤等。盾构法施工根据开挖方式的不同，可分为手工挖掘式、半机械挖掘式、机械化挖掘式三种，机械化盾构有刀盘式、行星轮式、铲斗式、钳爪式、铣削壁式和网格切割式等多种形态。

暗挖施工法的机械配置，主要如下。

（1）钻孔机械。如风动凿岩机、液压凿岩机、凿岩台车。

（2）装药台车。找顶及清底机械。

（3）初次支护机械。包括锚杆台车、混凝土喷射机械手。

（4）注浆机械。包括钻孔机、注浆机。

（5）装渣机械。如轮胎式装载机、履带式装载机、扒爪装岩机、铲斗装岩机。

（6）运输机械。包括自卸汽车、矿车。

（7）二次支护衬砌机械。包括模板衬砌台车（混凝土搅拌站、搅拌运输车、混凝土运输泵）。

二、公路工程施工方案组织的确定

（一）施工顺序的安排

施工顺序的安排是编制施工方案的核心内容。良好的施工顺序安排能够加快施工进度，减少人工和机械的停歇时间，充分利用工作面，避免施工干扰，实现施工的科学性、均衡性和连续性。工程施工顺序具有规律性，因此在施工中需认真研究和分析影响施工顺序的基本因素，以制定最佳施工顺序。

施工顺序安排的原则，具体如下。

第一，符合工程施工工艺的要求，确保工程项目各施工过程之间保持工艺顺序关系。

第二，遵循合理组织施工过程的基本原则，确保施工过程的连续性、协调性、均衡性和经济性。

第三，考虑关键工程、重点工程、控制工程的合理施工顺序，确保工程的顺利进行。

第四，以确保施工质量为前提条件，如有影响工程质量的问题，须重新安排或采取技术措施。

第五，使施工顺序、施工方法、施工机具相协调，以适应不同施工环境和要求。

第六，考虑水文、地质、气候等环境因素的影响，合理安排施工时间，避免不利因素。

第七，考虑施工期限、安全生产、环境保护等要求，力求工期最短，同时确保工程安全和质量。

（二）流水施工的组织

在公路工程施工过程中，施工企业将建筑产品施工的各道工序分配给不同的专业施工队去完成，每个专业施工队按照确定的施工次序在不同的时间相继在各个施工段进行相同的施工生产，由此形成了专业队、施工机械和材料供应的移动路线，称为流水线。以流水形式组织施工作业，便于整个施工过程始终连续、均衡、协调地进行。不论是分部、分项工程，还是单位、单项工程，都可以组织流水作业，按流水作业法组织施工。

1. 流水作业施工的类型

流水作业施工是工程建筑和构筑物施工中常用的一种组织方式，其类型主要根据流水节拍的特点进行划分。

（1）有节拍流水作业的分类及总工期。

全等节拍流水：指在施工过程中，所有工序在各个施工段上的流水节拍值彼此相等。

成倍节拍流水：指相同工序的流水节拍值在各施工段上相等，不同工序的流水节拍值虽不相等，但存在一个最大公约数，其他节拍值为其整数倍。

分别流水：指相同工序的流水节拍值在各施工段上相等，不同工序的节拍值既不相等也不存在最大公约数。在组织分别流水作业时，由于施工对象的不间断加工状态难以完全实现，应保证专业施工队的连续施工或在满足开工条件时立即开工，以降低成本或缩短工期。其总工期的确定通常采用作图法。

（2）无节拍流水作业的组织及总工期。无节拍流水作业指的是各施工段上同一工序的流水节拍值不完全相等，且不同工序的节拍值也完全不相等。在公路工程中，由于沿线工程量分布不均，各专业施工队在固定机械和人力条件下，流水作业速度难以一致，因此无节拍流水作业更为常见。

无节拍流水作业的作图方法包括专业队连续作业法和紧凑法，通过这些方法可以确定施工的最短总工期。施工段的排序是确定最短总工期的前提。

在实际施工中，流水作业的组织需考虑工程特点、地理环境、施工资源等因素，以确保施工的顺利进行和工程质量。

2. 流水作业施工的方法

（1）划分施工段。划分施工段，就是把劳动对象（工程项目）按自然形态或人为地划分成劳动量大致相等的若干段。例如，一个标段上有若干座小涵洞，可以把每一座小涵洞看成一个施工段，这就自然形成了若干个施工段；如果把一个标段的路线工程部分，每几千米划分为一个施工段，就属于人为地把劳动对象划分成了若干个施工段。

不同的施工段在施工过程安排中有一定的施工次序，同一项目施工次序不同，施工工期有可能不同。施工段的施工次序是施工组织者根据实际情况人为安排的，称为组织关系，又被称为工作逻辑关系中的软逻辑。

（2）分解工序。分解工序就是把劳动对象（工程项目）的施工过程，按照施工工艺流程分解成若干道工序或操作过程，每道工序或操作过程分别按工艺原则组建专业施工队，即有几道工序，原则上就应该有几个专业施工队。

在确定的施工方案下，施工工艺流程基本确定，故施工工艺流程称为工艺关系，又被称为工作逻辑关系中的硬逻辑。

（3）确定施工顺序。确定施工顺序就是各个专业施工队按照一定的施工次序，依次地、连续地由一个施工段转移到下一个施工段，不间断地完成同工序施工任务的过程。例如，某路线工程的施工过程是施工准备、施工放样、路基施工、路面施工，即可看作四道工序，每道工序可组织一个或多个专业施工队，每个专业施工队按照施工段间的施工次序，由一个施工段转移到下一个施工段，直至完成本工序各工段的施工任务。

（4）确定流水时间参数。施工单位根据能达到的生产力水平和流水强度，确定流水节拍和流水步距，有时还有技术间歇时间和组织间歇时间，从而确定施工总工期。

（5）施工段之间、工序之间尽可能连续。为了缩短工期，提高经济效益，减少施工工人和施工机械不必要的闲置时间，施工段上各相邻工序之间或同一工序在相邻施工段之间开展作业的时间，应尽可能地相互衔接起来。

3. 流水作业施工的参数

流水作业法组织施工时，施工过程的连续性、均衡性和协调性取决于流水作业法的参数及参数之间的关系。一般将流水作业法的参数分为空间参数、工艺参数和时间参数。

（1）空间参数。在组织流水作业施工时，空间参数是关键的组织要素。空间参数包括工作面和施工段数，它们定义了流水作业在空间布置上的状态。

工作面指的是某一专业工种的工人或某种型号的施工机械在进行施工操作时所占用的活动空间。工作面有两层含义：一是实际操作工作面，即工人或机械在施工时的实际占用空间；二是由最小工作面确定的，某工种的一个工人或某种型号的一台机械所必须具备的工作空间。工作面的布置旨在缩短施工工期、发挥工人和机械的生产效率，并应遵守安全技术和施工技术规范的规定。工作面的大小决定了最多能安置多少个工人或布置多少台施工机械进行施工操作，是空间组织合理性的重要反映。

施工段的划分是为了创造更多的工作面，为后续工序尽早开工提供条件，同时也为不同工序（不同工种的专业施工队）在不同工作面上平行作业创造条件。施工段的划分是展开流水作业的基础。

施工段划分的注意事项包括：①各施工段的劳动量应尽可能相等，相差不宜超过15%；②施工段的划分应考虑施工规模、资源供应等因素，通常以主导工序的施工组织为依据；③施工段的划分应考虑施工对象的结构完整性，如大型人工构造物以伸缩缝、沉降缝为界划分施工段；④施工段的划分应确保各专业施工队有合适的工作面，避免过大影响工期或过小影响生产效率。

（2）工艺参数。任何一项施工任务的实施，都由若干不同种类和特性的工序（施工过程）组成，每一道工序都有其特定的施工工艺。在组织流水作业时，用工序数（施工过程）和流水强度这两个参数来表达流水作业施工工艺开展顺序及特征，这两个参数也称为工艺参数。

第一，工序数。根据具体情况，把一个工程项目（分部工程）分解为若干道具有独自施工工艺特点的施工过程，称为工序。每一道工序由专业施工队来承担施工。例如，桥梁钻孔灌注桩的施工可以分解为埋护筒、钻孔、灌混凝土等；预制混凝土构件可以分解为绑钢筋、支模板、浇筑混凝土。

工序数要根据构造物的复杂程度和施工方法来确定。分解工序时，应注意：①工序分解的粗细程度，应以流水作业进度计划的性质为依据，对于实施性施工组织设计的流水作业进度计划，工序应分解得细一些，可分解到分项工程；对于控制性施工组织设计的流水作业进度计划，工序应分解得粗一些，可以是单位工程，甚至是单项工程。②结合所选择的施工方案分解工序。如钢筋混凝土结构的现场浇筑与预制安装，沥青混凝土路面的机械摊铺施工与人工摊铺施工，二者分解施工工序是不同的。③分解工序应重点突出，抓住主要工序，不宜太细，使流水作业进度计划简明扼要（如路面工程可以划分为底基层、基层、面层）。④一个流水作业进度计划内的所有工序应按施工工艺流程（或施工的先后次序）排列，所采用的工序名称应与现行定额的项目名称一致。

第二，流水强度。流水强度又称流水能力或生产能力，每一工序在单位时间内所完成的工程量称为流水强度。流水强度越大，专业队应配备的机械、需用的人工及材料等也就越多，工作面也相应增大，施工工期将会缩短。

（3）时间参数。在施工流水作业中，时间参数是关键因素，它们决定了施工过程的组织和效率。以下是施工流水作业中常用的七个时间参数。

第一，流水节拍，指一道工序（专业施工队）在一个施工段上开展作业的持续时间。施工段数确定后，流水节拍的长短直接影响总工期。影响流水节拍的因素包括施工方案、施工段的工程量、专业施工队的人数、机械台数、每天的作业班次等。

第二，流水步距，指两相邻工序的专业施工队相继投入同一施工段开始工作的间隔时间。流水步距的大小对总工期有显著影响。在施工段数和流水节拍确定的条件下，流水步距越大，总工期越长。确定流水步距时应考虑施工顺序、技术间歇、组织间歇、工作面和施工均衡性，并遵循最小化步距、满足工序制约关系、保证连续作业和工程质量安全的原则。

第三，流水展开期，指从第一个专业施工队开始作业起，到最后一个专业施工队开始作业止的时间间隔。这是让全部专业施工队进入流水作业状态的时间参数。从此时起，资源需要量在一段时间内保持不变，各专业施工队完成相应的工作量，进入连续、均衡而紧凑的流水作业阶段。

第四，流水稳定期，指最后一个专业施工队从开始作业起，到完成各施工段工作任务为止的时间。

第五，技术间歇时间。在组织流水作业时，除了考虑施工队之间的协调配合及施工质量、安全外，还应根据材料特点和工艺要求，考虑合理的工艺等待时间，如混凝土的凝结硬化、油漆的干燥等。

第六，组织间歇时间，指在流水作业中，由于施工安排或组织的原因，造成流水步距以外增加的间歇时间，如施工过程中的检查、验收，施工人员和机械的转移等。

第七，总工期，指施工任务从开工到完成所需的时间。总工期等于流水展开期和流水稳定期之和。

以上这些时间参数在施工流水作业中起着至关重要的作用。合理规划和管理这些参数是确保施工顺利进行和工程质量的关键。

第二节　公路工程施工组织设计的编制

一、公路工程施工组织设计的特点和要求

公路工程施工组织设计具有其独特的特点，这些特点使得其与房屋建筑工程、水利工程等土建工程的施工组织设计有所不同。

第一，线性分布工程、施工流动性大。公路是沿地面延伸的线性人工构筑物，其线性特点导致施工流动性大，临时工程多，施工作业面狭长，不仅增加了施工组织与管理的工作量，也给施工企业员工的生活安排带来困难。工程数量分布不均匀，大、中型桥梁、隧道、高填深挖路段的路基土石方工程等，往往是控制工期的集中工程。

第二，工程类型繁多。公路的线形及构造物形式受地形、地质、水文等自然条件的影响，又因公路等级和使用要求而异。因此，公路工程类型多种多样，标准化难度大，必须个别设计，施工组织亦需个别进行。即使是同一地区相同技术等级的公路，其施工组织也因技术条件（物资供应、机具设备、技术水平等）、自然条件（季节、气候等）和工期要求等不尽相同而有所差异。

第三，工程形体庞大，施工周期长。公路结构物与其他土建工程一样，具有形体庞大的特点。加之公路工程的线性特征，使这一特点对施工的影响更为严重。同一地点要依次进行多个分部工程作业，使施工周期长，特别是集中的土石方工程、大桥工程等处，在较长时间内占用和消耗大量的人力资源与物资，直到整个施工周期结束，才能得到直接使用的产品。

第四，施工组织考虑因素多。公路工程施工需要考虑时间（工期）、占用空间（场地）、消耗资源（人工、材料、机具等）、需要资金（造价）、选择施工方法、确定施工方案等。公路施工又有其自身的客观规律性，比如，任何一段公路必须先进行路基施工，后进行路面施工，隧道施工只能是先掘进，后衬砌。另外，公路施工的各个环节，以及与外部条件之间又存在有机的联系。因此，公路施工需要具备哪些基本条件，如何按照施工的客观规律来考虑工期的安排、场地的布置、资源的消耗等，就成为公路施工组织设计必须认真解

决的问题。

通过合理考虑这些因素，施工组织设计可以更有效地指导公路工程的施工，确保工程的顺利进行和质量的达标。

二、公路工程施工组织设计的编制特点

（一）路基工程

路基工程施工组织设计具有其独特的编制特点，重点考虑以下方面。

第一，土方调配。根据路基横断面计算出土石方的"断面方数"，并进行复核，以进行土石方调配。调配时需考虑技术经济条件，尽量在经济合理的范围内移挖作填，使路堑和路堤中土石方数量达到平衡，减少废方与借方。在全部土石方合理调配后，即可得出路基土石方施工方数。在平原地区的路基施工中，路基填方为主导工序，土方调配应重点处理好摊铺、碾压以及与桥涵施工的关系，做到分段施工，使工作面得到充分利用。

第二，施工方法的选择。按照土的种类、土方数量、运距、施工机械等具体条件，并根据工程期限和各种施工方法的技术经济指标来决定施工方法，正确地选用土方机械，并据以进行土方调配。土方调配与施工方法的选择密切相关，互为影响，必须同时考虑，最后的调配结果应与所选用机械的经济运距相适应。

第三，施工进度计划的编制。施工方法和土方调配确定以后，即可计算得出路基工程的施工方数，然后根据所采用的施工定额求出劳动力的工日数和施工机械的台班数量。其次根据路基工程的施工期限安排工地的施工日期和施工程序，求出需要的工人人数和机械台数，最后确定工人和机械的劳动组织，并决定其转移的次序，保证在规定期限内完成路基施工任务。

第四，工地施工组织。现场施工，应根据施工进度计划所安排的施工方法、施工期限、施工程序来进行。每一施工工地应按照所规定的施工程序，将路基土石方专业施工队所承担的施工地段具体按各种土方施工机械（如推土机、铲运机、挖掘机等）所施工的地段划分为施工分段，该施工分段将开挖路堑与填筑路堤的地点规划在一段，成为完整的挖、运、填、压的工作循环。

对于高填深挖大量集中的重点土石方工程，须详细进行所选定的不同施工方法的开挖设计与填筑设计，并绘制每一施工循环的平面布置略图。此外还应编制工人和机具的供应计划，以及筹划所需的机具修理、水电供应和施工所需的其他办公与生活用品的供应组织，以保证工程的顺序开展。通过这些措施，施工组织设计可以更有效地指导路基工程的施工，确保工程的顺利进行和质量的达标。

（二）路面工程

路面工程施工组织设计的编制是一个复杂而细致的过程，除了与总体施工组织设计内

容基本相同外，还需根据路面工程的自身特点，在确定施工方案和进度计划时，充分考虑以下因素。

第一，路面各结构层的质量检验和材料准备以及试验路段。在施工组织时，必须进行各个结构层的质量检验，参考施工技术管理部分的相关内容。路面材料的选择、采购、场外运输和试验路段的铺筑是获取施工数据的关键步骤，也是施工组织设计中应重点关注的问题。

第二，按均衡流水法组织施工。路面工程各结构层之间的施工采用线性流水作业方式。在编制施工组织设计的进度计划时，应考虑路面工程施工的工序之间的逻辑关系，并注意各结构层的施工可以采用搭接流水方式以加快施工进度。分析各结构层之间的施工进度（速度），根据施工速度选择搭接类型，前道工序速度快于后道工序时选用开始到开始（STS）类型，否则选用完成到完成（FTF）类型，并根据各结构层施工速度和所需工作面大小计算出搭接时距。同时，还需考虑各结构层可能需要的技术间歇时间的影响，以及路面各结构层的质量检验所需的时间。

第三，路面与路基统筹兼顾。在施工组织设计中，应充分考虑路面施工与路基施工的协调，确保两者之间的施工进度和资源分配合理。

第四，路面施工的特殊技术要求。路面的各种结构层有其特殊的技术要求，以及各种"缝"的施工要求和注意事项。特别是对于沥青结构层和水泥混凝土结构层的技术要求，以及设备的配置与施工时间的关系。

第五，布置好堆料点、运料线、行车路线。由于路面用料数量大，且对各结构层的平整度有严格要求，因此对于堆料地点、运料路线以及机械的行驶位置都应予以适当的规定，即做好工地布置。

第六，主要施工机械的数量和规格。拌和设备的生产能力应与材料的初凝时间或温度要求相适应，从而决定机械的数量和规格等。所需的机械设备包括摊铺集料设备、拌和设备（路拌）、整形设备、碾压设备、养护设备。应注意时间上是否能衔接上。

第七，劳动力、其他设备、材料供应计划。在施工组织设计中，应详细规划劳动力、其他设备和材料的供应计划，确保施工过程中资源的及时供应和合理利用。

（三）桥涵工程

第一，设计分类和内容深度。根据工程的规模和复杂度，桥涵施工组织设计的分类和内容深度会有所不同。

第二，工程分部。桥梁工程通常包括基础及下部构造、上部构造、防护工程、引道工程等多个分部工程，每个分部工程又可细分为多个分项工程，例如基础及下部构造可分为明挖基础、桩基、管柱、承台、沉井等。

第三，施工方法与顺序。桥涵工程的施工方法与顺序在结构设计阶段已基本确定。例如，桥梁主体工程的施工顺序可能包括下部工程、上部建筑以及附属工程的施工。具体到桥墩（台）的施工，顺序通常为挖基、立模板、浇筑基础混凝土、基础回填、墩（台）身混凝土浇筑、钢筋绑扎、墩（台）帽钢筋混凝土浇筑、锥坡填土、浆砌片石护坡等。涵管施工顺序则可能包括挖基、砌基础、安装管节、砌洞口、设置防水层、进出口铺砌、回填土等。

第四，流水施工方式。在桥梁下部的桥墩施工中，如果设备或模板数量有限，可以采用流水施工方式组织施工。流水施工需要注意相关时间参数，如流水节拍、流水步距、技术间歇等。在多个墩同时进行流水施工时，应注意原本各工序之间衔接的逻辑关系，以及在简化表示时墩与墩之间的搭接关系。

（四）隧道工程

隧道工程施工组织设计的编制是一个综合性很强的工作，除了与总体施工组织设计内容基本相同外，还需根据隧道工程施工的自身特点，重点考虑以下内容。

1. 洞口场地平面布置

施工场地总布置应以洞口为中心，结合工程规模、工期、地形特点、弃渣场和水源等情况，遵循因地制宜、合理布置、统筹安排的原则，并符合以下要求。

（1）施工场地应事先规划，分期安排，减少与现有道路交叉和干扰。

（2）铺道运输的弃渣线、编组线和联络线，应形成有效的循环系统。

（3）长隧道洞外应有大型机械设备安装、维修和存放的场地。

（4）机械设备、附属车间、加工厂应相对集中，仓库应靠近公路，并设有专用线。

（5）合理布置大堆材料（砂石料）、施工备用品及回收材料堆放场地位置。

（6）生活服务设施应集中布置在宿舍、保健和办公用房附近。

（7）运输便道、场区道路和临时排水设施等，应统一规划，做到合理布局，形成网络。

（8）危险品库房应按照有关安全规定办理。

2. 不同岩层段的开挖和出渣方案及方法

编制山岭公路隧道施工组织设计的进度计划时，确定掘进循环进尺应注意以下问题。

（1）掘进需考虑的有关因素：围岩级别、机具设备、隧道月掘进进尺要求。

（2）在有大型机具设备的条件下，软弱围岩开挖时，爆破开挖一次进尺应控制在一定范围内。中硬度及以上的完整围岩时，可采用深孔爆破，适当增加进尺以提高进度。坚硬完整的围岩开挖时，应根据周边炮眼的外插角及允许超挖量确定其进尺。

（3）钻爆作业设计应根据地质条件和施工要求进行。

（4）风、水、电等临时设施的设计应考虑机械通风方式，如风管式、风墙式、巷道式。

（5）弃渣场设计应考虑环境保护和资源利用。

（6）劳动力组织与计划应根据施工进度和工程量合理配置。

（7）施工机具设备配置与劳动组织应协调一致，确保施工效率。

（8）施工监测分析系统的设计与组织应确保施工安全和工程质量。

（五）交通工程机电系统

交通工程机电系统的施工组织设计在编制时，除了与其他分项施工组织设计内容基本相同外，还需特别考虑以下方面。

第一，土建、管道、房建施工的进度状况。以确保机电系统施工与整体工程进度的协调一致。

第二，施工顺序及工艺。根据交通工程施工的自身特点，制定合理的施工流程和工艺方法。

第三，机电设备的测试。确保设备在安装前和安装后均能满足技术规范和使用要求。

第四，各系统的调试及联动调试。保证机电系统内部及与其他系统之间的协同工作和整体性能。

第五，缺陷责任期内的服务。提供必要的技术支持和维护，确保工程质量在缺陷责任期内得到保障。

（六）安全、环保施工

安全和环保是施工组织设计中不可或缺的重要组成部分。除了与其他分项工程的施工组织设计内容基本相同外，安全、环保施工组织设计的编制还需特别关注以下方面。

第一，包装、运输、保管方案和方法。在施工组织设计中，应详细规划材料和设备的包装、运输和保管方案。这不仅涉及材料的物理保护，也涉及在运输和储存过程中的安全和环保措施。

第二，安装的方案和方法。安装方案应考虑施工过程中的安全操作规程和环境保护要求。选择合适的安装方法，确保施工过程中的安全和减少对环境的影响。

第三，精度和质量控制措施。施工组织设计中应包含精度和质量控制的具体措施。这包括施工过程中的监测、检测和评估机制，以确保工程质量和符合相关标准。

第四，对前期工程的防护措施。施工组织设计应考虑对已完成工程的保护措施，防止在后续施工中对前期工程造成损害。这涉及施工顺序的合理安排和对已完成部分的保护措施。

第三节　公路工程施工进度的控制管理

一、公路工程施工进度计划的编制

（一）公路工程施工进度计划的形式

"公路工程项目施工进度控制不仅是时间计划的管理和控制问题，而且要综合考虑人力、物力等资源，如何最有效、合理、经济地配置和使用，以最短的工期，最低的费用，取得最好的公路质量。"①公路工程进度计划的主要形式，包括以下几种。

（1）横道图。横道图是一种以时间为横坐标，各分部（项）工程或工作内容为纵坐标的进度计划图表。它通过水平横线表示对应工作内容的持续时间，并在横线下方表示当月计划应完成的累计工程量或工作量百分数，上方表示当月实际完成的累计工程量或工作量百分数。

（2）S形曲线。S形曲线是一种以时间为横轴、累计完成的工程费用的百分数为纵轴的图表化曲线。图上一般标注有计划曲线和实际支付曲线，通过比较这两条曲线可以判断实际进度与计划的偏差。S形曲线的斜率也能反映进度推进的快慢。有时，为更直观反映实际进度，还会增加一条实际完成线。

（3）垂直图（也称斜条图、时间里程图）。垂直图以公路里程或工程位置为横轴，时间为纵轴，用不同斜线的陡缓来表示各分部（项）工程的施工进度。斜线越陡表示进度越慢，越平则表示进度越快。垂直图适合表示公路、隧道等线形工程的总体施工进度。

（4）斜率图。斜率图以时间（月份）为横轴、累计完成的工程量的百分数为纵轴，用不同斜率表示分项工程的施工进度。这种图表化曲线（折线）主要用于公路工程投标文件中的施工组织设计附表，以反映公路工程的施工进度。

（二）公路施工过程的组织方法及特点

公路施工过程基本组织方法有顺序作业法、平行作业法、流水作业法。

1. 顺序作业法

（1）没有充分利用工作面进行施工，（总）工期较长。

（2）每天投入施工的劳动力、材料和机具的种类比较少，有利于资源供应的组织工作。

（3）施工现场的组织、管理比较简单。

（4）不强调分工协作，若由一个作业队完成全部施工任务，不能实现专业化生产，不利于提高劳动生产率。若按工艺专业化原则成立专业作业队（班组），各专业队是间歇作业，不能连续作业，材料供应也是间歇供应，劳动力和材料的使用可能不均衡。

2. 平行作业法

（1）充分利用了工作面进行施工，（总）工期较短。

（2）每天同时投入施工的劳动力、材料和机具数量较大，材料供应特别集中，所需作业班组很多，影响资源供应的组织工作。

（3）如果各工作面之间需共用某种资源时，施工现场的组织管理比较复杂，协调工作量大。

---

① 房栋，徐士启，杨修志，等.公路工程项目施工的进度控制[J].公路交通技术，2004（3）：100-102，105.

（4）不强调分工协作，各作业单位都是间歇作业，此点与顺序作业法相同。这种方法的实质是用增加资源的方法来达到缩短（总）工期的目的，一般适用于需要突击性施工时施工作业的组织。

3. 流水作业法

（1）必须按工艺专业化原则成立专业作业队（班组），实现专业化生产，有利于提高劳动生产率，保证工程质量。

（2）专业化作业队能够连续作业，相邻作业队的施工时间能最大限度地搭接。

（3）尽可能地利用工作面进行施工，工期比较短。

（4）每天投入的资源量较为均衡，有利于资源供应的组织工作。

（5）需要较强的组织管理能力。

这种方法可以充分利用工作面，有效地缩短工期，一般适用于工序繁多、工程量大而集中的大型构筑物的施工，如大型桥梁工程、立交桥、隧道工程、路面等的施工。

二、公路工程施工进度计划的控制管理

公路工程项目进度管理是以现代科学管理原理作为其理论基础的，主要有动态控制原理、系统控制原理、信息反馈原理、弹性原理、封闭循环原理、网络计划技术原理。

（一）进度计划的审批

1. 进度计划的提交

进度计划的提交是工程项目管理的关键环节，具体要求如下。

（1）总体性进度计划。在中标通知书发出后，在合同规定的时间内，承包人应向监理工程师提交这些书面文件：一份详细且格式符合要求的工程总体进度计划，包括各项关键工程的进度计划；一份全面的现金流动估算，涉及整个工程项目的全部支付。一份施工方案和施工方法的总说明，通常通过施工组织设计提出。

（2）阶段性进度计划。在工程将要开工之前或开工后的合理时间内，承包人应向监理工程师提交这些文件：年度、月度（或季度）进度计划，以及相应的现金流动估算；分项（或分部）工程的进度计划，以确保各个施工阶段的顺利实施。

通过按时提交这些进度计划文件，承包人可以确保工程项目按计划进行，同时也为监理工程师提供了监控工程进度和质量的重要依据。

2. 进度计划的审查

施工单位在编制完进度计划后，应从以下关键方面进行细致的审查，以确保计划的可行性和有效性。

（1）工期和时间安排的合理性。施工总工期的安排必须与合同规定的工期相符；各施工阶段或单位工程（包括分部、分项工程）的施工顺序和时间安排应与材料和设备的进

场计划相协调；对于易受气候条件影响的工程，应选择适宜的施工时间，并制定有效的预防和保护措施；应充分考虑动员、清场、假日及不可预见的天气影响，并在计划中留有足够的余地。

（2）施工准备的可靠性。确保所需主要材料和设备的运送日期，并有明确的保证措施；主要骨干人员及施工队伍的进场日期应已确定并有具体的落实方案；施工测量、材料检查及标准试验等工作应已妥善安排；驻地建设、进场道路及供电、供水等基础设施问题应已解决或有可靠的解决方案。

（3）计划目标与施工能力的适应性。各阶段或单位工程计划完成的工程量及投资额必须与现场设备和人力资源的实际状况相适应；施工方案和施工方法应符合施工团队的经验和技术水平；关键线路上的施工力量安排应与非关键线路上的施工力量安排相匹配，确保整体进度计划的均衡性和可执行性。

（二）进度计划的检查

进度计划的检查是工程项目管理中不可或缺的环节，具体包括以下内容和方法。

1. 检查内容

（1）工作量的完成情况。

（2）工作时间的执行情况。

（3）资源使用及进度的互配情况。

（4）上次检查提出问题的处理情况。

2. 检查方式

（1）项目部定期收集由承包单位提交的有关进度报表资料。

（2）由驻地监理人员现场跟踪检查公路工程的实际进展情况。

（3）由监理工程师定期组织现场施工负责人召开现场会议。

（4）上次检查提出问题的处理情况。

3. 检查方法

（1）横道图比较法。横道图比较法是指将在项目实施中检查实际进度收集的信息，经整理后直接用横道线并列标于原计划的横道线处，进行直观比较的方法。

（2）S形曲线比较法。S形曲线比较法与横道图比较法不同，它不是在编制的横道图进度计划上进行实际进度与计划进度比较。它是以横坐标表示进度时间，纵坐标表示累计完成任务量，而绘制出一条按计划时间累计完成任务量的S形曲线，将施工项目的各检查时间实际完成的任务量与S形曲线进行实际进度与计划进度相比较的一种方法。

（3）香蕉曲线比较法。香蕉曲线是由两条以同一开始时间、同一结束时间的S形曲线组合而成的，而且时间最好采用工期的百分数表示。其中，一条S形曲线是工程按最早完成时间安排进度所绘制的S形曲线，简称ES形曲线；另一条S形曲线是工程按最迟完成时间安排进度所绘制的 S 形曲线，简称 LS 形曲线。除了项目的开始和结束点外，ES 形曲线在 LS 形曲线的上方，同一时刻两条曲线所对应完成的工作量是不同的。在项目实施过程中，理想的状况是任一时刻的实际进度在这两条曲线所包区域内的曲线 R 上。

（4）前锋线比较法。前锋线比较法是通过绘制某检查时刻工程项目实际进度前锋线，进行工程实际进度与计划进度比较的方法，它主要适用于时标网络计划。所谓前锋线，是指在原时标网络计划上，从检查时刻的时标点出发，用点划线依此将各项工作实际进展位置点连接而成的折线。前锋线比较法，是通过实际进度前锋线与原进度计划中各工作箭线交点的位置来判断工作实际进度与计划进度的偏差，进而判定该偏差对后续工作及总工期影响程度的一种方法。

通过检查，能反映出目前工作的进展情况，工作是否正常（按时）、延误或提前，是否对整个工期有影响。如果有工作延误或可能会造成延期，则需关注或采取措施进行处理。

（三）进度计划的调整

在公路工程项目施工过程中，实际进度可能会因各种原因与计划进度发生偏差。当这种偏差影响到后续工作或总工期时，需要对进度计划进行适时调整。通常，调整方法包括以下两种。

1. 改变某些工作间的逻辑关系

当工程项目实施中产生的进度偏差影响到总工期，且有关工作的逻辑关系允许改变时，可以调整关键工作或原非关键工作（现成为新关键工作）之间的逻辑关系，以缩短工期。例如，将顺序进行的工作改为平行作业、搭接作业或分段组织流水作业等，都可有效地缩短工期。

需要注意的是，在压缩过程中，关键线路可能会随着关键工作的压缩而改变或增加条数，这需要在调整时予以考虑。

2. 缩短某些工作的持续时间

这种方法不改变工程项目中各项工作之间的逻辑关系，而是通过增加资源投入、提高劳动效率等措施来缩短某些工作的持续时间，从而加快工程进度，确保按计划工期完成工程项目。这些被压缩持续时间的工作通常是位于关键线路上的工作（包括原非关键工作但现在已经超出计划工期的新关键工作）。同时，这些工作必须是其持续时间可被压缩的。这种调整方法通常可以在网络图上直接进行，便于直观地识别和调整关键路径。

第四章　公路工程项目的招投标与合同管理

本章聚焦于公路工程建设领域的关键环节——招投标与合同管理，旨在探讨其在保障工程质量、维护市场秩序中的重要作用。随着公路建设市场的不断规范与扩大，招投标作为公平竞争的重要手段，其规范性与透明度直接影响项目的成败。本章首先解析招投标的基本流程与管理要点，确保过程的公正与高效；随后，深入分析开标、评标与定标的操作细节，为项目选择合适的合作伙伴；最后，聚焦于施工合同的编制与管理，明确双方权责，为项目的顺利实施提供法律保障。

第一节　公路工程项目施工的招标与投标管理

一、公路工程项目施工的招标管理

公路工程施工招标是一项社会关注度高、影响面广的经济工作，因此，公路工程招标人在编制招标文件时，必须坚持合法、合理、双赢的原则。为了规范招标行为，降低交易成本，交通运输部根据我国的实际情况和国际惯例，制定了一系列招标范本。

（一）公路工程项目施工招标的主要条件

1. 工程条件

根据《工程建设项目施工招标投标办法》（2013 年版）及其他相关规定，公路工程施工招标必须满足以下条件。

（1）招标人已经依法成立。

（2）初步设计及概算应当履行审批手续的，已经批准。

（3）有相应的资金或资金来源已经落实。

（4）有招标所需的设计图纸及技术资料。

在实际操作中，通常资格预审工作可在初步设计批准前进行，而发出投标邀请书必须在初步设计文件批准后。

2. 招标人条件

招标人具有组织编制招标文件和组织评标的能力，可以自行办理招标事宜。招标人不具备相关条件的，应当委托具有相应资格的招标代理机构办理公路工程施工招标事宜。任何组织和个人不得强行为招标人指定招标代理机构。

（二）公路工程项目施工的招标文件管理

1. 文件内容

工程招标文件是整个公路工程项目招标过程所遵循的基础性文件，是工程投标和评标的基础，也是工程合同的重要组成部分。公路工程招标文件具体由以下内容组成。

（1）招标公告（或投标邀请书）。

（2）投标人须知。

（3）评标办法。

（4）合同条款及格式。

（5）工程量清单。

（6）图纸。

（7）技术规范。

（8）投标文件格式。

（9）投标人须知前附表规定的其他材料。

招标文件所作的澄清、修改，构成招标文件的组成部分。当招标文件、招标文件的澄清或修改等在同一内容的表述上不一致时，以最后发出的书面文件为准。

2. 时间要求

招标人应当按照招标公告或者投标邀请书规定的时间、地点出售资格预审文件和招标文件。资格预审文件和招标文件的发售时间不得少于 5 天。招标人应当合理确定资格预审申请文件和投标文件的编制时间。编制资格预审申请文件的时间，自开始发售资格预审文件之日起至潜在投标人提交资格预审申请文件截止时间止，不得少于 14 天。编制投标文件的时间，自招标文件开始发售之日起至投标人提交投标文件截止时间止，高速公路、一级公路、技术复杂的特大桥梁、特长隧道不得少于 28 天，其他公路工程不得少于 20 天。

3. 批准与备案

国道主干线和国家高速公路网建设项目的工程施工招标文件应当报交通运输部备案，其他公路建设项目的工程施工招标文件应当按照项目管理权限报县级以上地方人民政府交通主管部门备案。

交通主管部门发现招标文件存在不符合法律、法规及规章规定内容的，应当在收到备案文件后的 7 天内，提出处理意见，及时行使监督检查职责。

招标人如需对已出售的招标文件进行必要的澄清或修改，应当在投标截止日期 15 天前以书面形式通知所有招标文件收受人，并应当按照上述规定进行备案。对招标文件澄清或者修改的内容为招标文件的组成部分。

4.编制要求

招标项目可以不设标底，进行无标底招标。招标人设定标底的，可自行编制标底或者委托具备相应资格的单位编制标底。标底编制应当符合国家有关工程造价管理的规定，并应当控制在批准的概算以内。招标人应当采取措施，在开标前做好标底的保密工作。

（三）公路工程项目施工招标的准备工作

1.招标方式

公路工程施工招标分为公开招标、邀请招标。一般应采用公开招标，采用邀请招标的，必须按规定程序报批后才能实行。

（1）公开招标。公开招标是指招标人以招标公告的方式邀请不特定的法人或者其他组织投标。除特殊规定外，公路工程施工招标应当实行公开招标。公开招标又称为无限竞争招标，其特点是招标过程中投标人的数量不受限制，凡是符合条件的投标人均可参加投标。它有效地贯彻了公平竞争原则，有利于打破地区保护和行业封锁以及降低投标报价，促进完全竞争的建设市场的形成。公开招标存在着工作量大、费用高的缺陷，影响市场的交易效率，同时也会增大投标的社会成本。投标人越多，投标的社会总成本越大。

（2）邀请招标。邀请招标是招标人以投标邀请书的方式邀请特定的法人或者其他组织投标。邀请招标的特点是投标人的数量受到限制，通常称为有限竞争招标。招标人必须邀请3个以上的投标人，一般以5～8个为宜。

2.招标组织

公路工程施工招标是一项复杂而系统的工作，它涵盖了技术、经济、财务、法律等多个领域，因此，需要广泛的专业知识和各部门的紧密协作。为了确保招标工作的顺利进行，成立专门的招标机构显得尤为重要。

根据《公路工程建设项目招标投标管理办法》的规定，公路工程施工招标的管理工作按照工程项目的隶属关系，分别由交通运输部和地方交通主管部门负责。地方交通主管部门会设立相应的机构来领导招标工作。在实践中，成立"招标领导小组"和"招标工作组"这两级机构，是符合我国国情的有效做法。招标领导小组主要负责决策招标工作中的重大问题，并协调各方关系；而招标工作组则负责执行具体的招标业务。

（1）招标领导小组。这是一个为特定工程项目而设立的临时组织，其使命随着该工程招标工作的结束而结束。然而，为了保持工作的连续性和稳定性，也可以考虑将其部分职能常态化。招标领导小组的组建应根据工程建设规模、工程所在地、技术复杂程度和工程重要性来确定成员构成。一般而言，应包括相应一级政府的领导，以及发改委、交通等相关部门的领导。其主要职责包括行政监督、关系协调、审定招标工作计划、解决重大问题、监督招标进展、审查中标候选单位和定标等。

（2）招标工作组。招标工作组应以建设单位（业主）的工作人员为主体，并邀请设计、监理、咨询公司等相关领域的专业人员参与。这个团队需要熟悉招标工作的各个环节，并具备计划、技术、造价、财务、施工、监理、材料、劳动人事、法律等多方面的专业知识。招标工作组的主要任务包括准备招标申请、编制或委托编制资格审查文件和招标文件、发布招标通告或投标邀请书、发售相关文件、主持标前会议和组织现场考察、开标、协助审查和评比投标文件、向招标领导小组报送评标报告以及准备合同文件等。可以说，招标工作组是业主的得力助手和招标领导小组的重要参谋。

（3）招标代理机构。在某些情况下，如果招标人不具备自行组织招标的能力或条件，可以委托具有相应资格的招标代理机构办理公路工程施工招标事宜。这有助于确保招标工作的专业性和公正性。

（4）招投标监管机构。为了保障招投标活动的公平、公正和公开，各地都成立了具有监督职能的招标投标管理机构。这些机构负责贯彻实施国家和当地政府有关招标投标的法律法规和规章制度，对招标项目进行登记备案，审核招标人、投标人、咨询机构、监理单位等的资格条件，核准招标文件内容，并依法处理招投标活动中的违法行为。这些措施，可以有效地维护招投标市场的秩序和参与者的合法权益。

3.招标管理

（1）制订招标工作计划。一个完整、严密、合理的招标工作计划，可以使招标工作有条不紊地顺利进行，也便于检查，中间环节出现问题时能及时发现，尽快修正，保证总计划的完成。编制招标工作计划既要和设计阶段（初步设计和施工图设计）计划、建设资金计划、征地拆迁计划、工期计划等相互呼应，又要考虑合理的招标阶段时间间隔，并要结合工程规模和范围，做不同的安排。在编制时应该考虑到两个方面：一方面，招标工作的时间不能太长，如果时间太长，可能影响建设计划的完成，而且会造成人、财、物的浪费；另一方面，招标工作也不能安排得过紧，如果时间太短，不仅会影响招标工作的质量，而且会使投标单位没有足够的时间编制标书，对招标单位和投标单位都不利。

（2）标段划分。公路工程是线形结构，一个工程项目几十甚至几百千米，除主体土建工程外，还有建筑工程、机电工程、绿化工程、交通安全工程等，一个承包人是不可能完成的，只能将工程划分为若干部分，即若干标段，由多家承包人同时分别施工。划分标段需要考虑很多方面，不同性质的工程划分成不同的标段，同性质的工程根据长度划分为若干标段。路线长度划分时，到底多长一个标段才合理，要看具体情况，从公路的等级、投资额、行政区域、工程数量、工程的内容、施工条件、土石方调配和施工队伍的施工能力等方面综合考虑。应按下列原则合理划分标段。

第一，适合采用现代化的施工方法和施工工艺，确保工程质量。

第二，工程量至少能满足一个具有相应资质的施工单位经济合理、保质保量按时完成施工任务。

第三，防止产生标段之间的相互干扰以及内部工序之间的相互交叉。

第四，工程性质相同的标段尽量避免化整为零，以免影响工效和施工质量。

第五，保持构造的完整性，除特大桥外，尽可能不肢解完整的工程构造。

（四）公路工程项目施工招标的资格预审

资格预审，是对已获取招标信息愿意参加投标的报名者进行申请单位填报的资格预审文件和资料进行评比和分析，按程序确定出潜在投标人名单，由招标管理机构核准后向其发出资格预审合格通知书。投标人收到资格预审合格通知书后，应以书面形式予以确认是否参加投标，并在规定的时间领取招标文件、图纸及有关技术资料。

对资格预审的要求与内容，一般在公布招标公告之前预先发布招标资格预审通告或在招标公告中提出，以审查投标人的投标资格。

1. 资格预审的作用

对已获取招标信息且愿意参加投标的报名者都要进行资格审查。资格预审的作用在于以下方面。

（1）了解和掌握潜在投标人的技术能力、类似本工程的施工经验以及财务状况，为招标人选择具有合格资质和能力的投标人奠定基础。

（2）事先淘汰不合格的投标人，排除将合同授予不合格的投标人的风险。

（3）降低招标人的招标成本。如果允许所有愿意投标的投标人都参加投标，招标工作量大，招标成本也会增加。通过资格预审，排除掉不合格的投标人，把参加投标的投标人控制在一个合理的范围内，有利于降低招标成本，提高招标工作效率，节省评标时间，减少评标费用。

（4）使不合格的投标人节约因购买和译读招标文件、现场考察以及编制投标文件等参与投标的时间和费用。

（5）可以吸引实力雄厚的投标人参加竞标。资格预审排除一些条件差的投标人，可以避免恶性竞争，这对实力雄厚的潜在投标人是一个吸引。

2. 资格预审的程序

（1）编制资格预审文件。资格预审文件由招标人或委托招标代理机构编制，编制内容要求及格式应符合国家发展和改革委员会《公路工程标准施工招标资格预审文件（2018年版）》规定。资格预审文件应报请有关行政监督部门审查。

（2）刊登资格预审通告或招标公告，一般采用招标公告的形式。招标公告或资格预审通告应该在国家指定的报刊、信息网络或其他媒介发布。

（3）出售资格预审文件。

（4）针对资格预审文件疑难点进行答疑。

（5）报送投标人的资格预审申请文件。资格预审申请文件多为应答方式的调查表格。

投标人按要求填报完毕后，应在规定的截止日期前报送给招标人。

（6）澄清投标人的资格预审申请文件。

（7）评审投标人的资格预审申请文件。

（8）向投标人通知评审结果。

3. 资格预审的内容

资格预审申请文件由投标人填写，内容包括资格预审申请函、授权委托书或法定代表人身份证明、联合体协议书、申请人基本情况、近年财务状况、近年完成的类似项目情况表、申请人的信誉情况表、拟委任的项目经理和项目总工程师资历表、拟委任的其他管理和技术人员情况表、拟投入本标段的主要设备表等。

二、公路工程项目施工的投标管理

施工投标是投标人实质性响应招标人要求的过程。实质性响应招标文件只是投标人中标的必要条件之一，而不是充分条件。中标的投标人永远是最符合定标条件（招标人意图）的唯一投标人。因此，投标人除了认真编制出全面、适当、有效、真实的投标文件（商务、技术、报价文件）外，还必须扎实地完成投标人应该完成的每一项工作。

（一）投标人的主要工作

工程施工投标中最主要的是获取投标信息、投标决策、确定投标策略及投标技巧、投标报价、编制投标文件。投标人作为投标工作的主角，主要有以下工作。

1. 确定投标方针

投标方针是承包商在参与具体投标业务活动中所遵循的核心指导思想和策略体系。它不仅体现了承包商对该地区市场开发的战略规划和部署，还深刻反映了承包商基于当前市场状况及项目特性所制定的具体投标策略。

（1）进入潜力市场的投标方针。潜力市场指的是那些具备长期开发潜力和价值的市场。面对此类市场中的有利项目，承包商应采取积极争取的态度，着眼于长期利益，不轻易被短期得失所左右。在策略上，一方面需加强对竞争对手的深入分析与了解，另一方面在成本估算中，对于利用率较低的施工机械和管理设备等固定资产，可采用减少摊销、适度降低利润率或采取保本报价等方式降低报价，旨在通过后续项目或长期合作实现盈利。同时，承包商可考虑利用工作间隙开展小包、分包或出租机械等业务，以增加收入来源。尽管此策略增强了竞争力，但也伴随着一定风险，属于风险型决策范畴。

（2）进入陌生市场的投标方针。陌生市场通常指那些不熟悉、存在不确定性且风险较高的市场。面对此类市场中的项目，特别是当竞争对手情况不明朗时，承包商应避免盲目降价竞争。策略上，应优先考虑承揽工程量较大、工期较长且对施工设备资金投入要求较低的项目，或选择分包部分工程以降低初期资金投入。在没有十足把握的情况下，可适当提高报价作为试探，同时也可采取较高报价策略，争取排名第二、三位，以保留参与后续评比的机会，并通过后续努力争取中标。

（3）进入熟悉市场的投标方针。熟悉市场则指的是已开发或业务熟练的市场。在这类市场中寻求后续项目或新开发项目时，承包商应精准把握时机，确保新项目与在建项目之间的良好衔接，并充分利用现有设备资源作为制定投标方针的关键因素。对于工期安排合理、能够高效利用现有设备的项目，应将减少施工设备闲置带来的成本节约纳入考量范围。此外，承揽在建项目邻近地区的新项目，不仅有助于减少工地迁移费用，还能因对施工条件和环境的熟悉而提高效率。因此，在投标决策时，应将这类项目列为优先争取的目标。

2. 参加资格预审

（1）资格预审申请工作程序。

第一，资格预审报名与文件获取。申请人需根据资格预审通告中明确的时间和地点，携带单位介绍信及个人有效身份证件进行报名，并购买资格预审文件。此步骤是参与投标过程的首要环节，确保申请人符合初步筛选条件。

第二，标段选择、投标形式决策与分包商确定。申请人应根据招标人的具体要求和本企业的实际情况，精心选择拟投标的标段。选择时应充分考虑本单位的竞争优势，如能否有效利用现有施工设备、能否充分发挥企业特长等。同时，需根据工程规模和难度，以及企业自身能力和需求，决定是独立投标、与其他单位组成联合体投标，还是需分包部分工程。在资格预审阶段，明确投标形式（独立或联合体）至关重要，因两者在资格预审材料准备上有所差异，联合体投标须特别注意填写联合体各方的相关资格预审材料。

第三，资格预审表格的填写。按照行业惯例，资格预审通常采用标准化的表格形式进行。招标人会根据项目的技术经济特性及相关法规要求，制定统一规范的资格预审表格。申请人需仔细阅读资格预审须知，确保理解无误后，对照表格内容逐一、准确、完整地填写相关信息。

第四，资格预审申请文件的提交。申请人需将填写完毕的资格预审申请文件（正本）加盖法人单位公章，并由其法定代表人或其正式授权的代理人签字确认。文件需按招标要求密封处理，并在资格预审文件指定的时间、地点和方式下，准确无误地送达招标人。此步骤标志着资格预审申请工作的正式完成，等待招标人的进一步审核与评估。

在整个资格预审申请过程中，申请人应确保所提交的所有材料真实有效，符合法律法规和招标文件的各项要求，以展现企业的良好信誉和实力，争取获得投标资格。

（2）资格预审的基础工作。

第一，构建并维护全面的企业资格预审资料信息库。鉴于资格预审过程往往时间紧迫且涉及大量资料信息的填报，因此日常工作中需充分准备，将基本资料、人员构成、设备状况、业绩成果、施工方案等关键信息分门别类地纳入企业资格预审资料信息库，并确保信息的实时更新。投标基础资料应详尽包含：公司营业执照（复印件）、资质证书（复印件）、资信登记证书（复印件）；详尽的公司简介，涵盖公司概况表、组织机构图、各类员工人数及证书扫描件、自有设备等资产清单、工程业绩证明材料及图片；近五年来已完成工程的概况表、交（竣）工验收工程质量鉴定书复印件或相关证明文件（需定期更新）；在建工程概况表，详细列出工程名称、规模、承包合同段、预计工期、施工人员投入等情况；公司主要管理及技术人员的资历表、资质证明文件及人员动态表；施工机械、设备清单（包含名称、数量、型号、功率、购置年份、机况及使用情况）；合作单位（包括潜在的联合体成员或分包单位）的资质证明、公司概况、业绩记录、施工设备、财务状况、主要管理人员资历表等相关资料和证件，以及主要单位工程或分部分项工程的施工方案。

第二，强化内外兼修，树立良好企业形象。投标人在对外交往过程中，应始终注重维护并提升企业形象，塑造积极的公众形象。同时，内部管理方面，需不断优化管理流程，提升工作效率与技术实力，以便迅速响应市场机遇。

第三，构建高效"信息雷达"，增强市场捕捉能力。鉴于工程建设招标信息发布的不定时性和非特定性，投标人需构建高效的信息收集与响应机制，即"信息雷达"，以提升捕捉投标机会的速度与准确性，确保在激烈的市场竞争中占据有利位置。

（3）资格预审申请文件的编制内容。根据《公路工程标准施工招标资格预审文件（2018年版）》，公路工程资格预审文件的编制内容包括资格预审公告、申请人须知、资格审查办法、资格预审申请文件格式、项目建设概况等。资格预审申请文件应包括这些内容：①资格预审申请函；②授权委托书或法定代表人身份证明；③联合体协议书；④申请人基本情况；⑤近年财务状况；⑥近年完成的类似项目情况表；⑦申请人的信誉情况表；⑧拟委任的项目经理和项目总工程师资历表；⑨其他资料：详见《公路工程标准施工招标资格预审文件（2018年版）》申请人须知前附表。投标人应充分理解拟投标项目的技术经济特点和业主对该项目的要求，除了提供规定的资料外，应有针对性地提交能反映本企业在该项目上特长和优势的材料，以便在资格预审时就引起业主注意，留下良好印象，为下一步投标竞争奠定基础。

（4）资格预审申请文件的编制要求。资格预审申请文件的编制要求如下。

第一，格式要求。资格预审申请文件应严格遵循"资格预审申请文件格式"进行编写。在必要时，可增加附页，这些附页将被视为资格预审申请文件不可分割的一部分。

第二，授权委托书。若资格预审申请文件由委托代理人签署，申请人需提交授权委托书。该委托书应根据"资格预审申请文件格式"的要求出具，并由法定代表人和委托代理人亲笔签名。不得使用印章、签名章或其他电子制版签名替代。

第三，法定代表人身份证明。若资格预审申请文件由申请人的法定代表人亲自签署，则需提交法定代表人身份证明，该证明应符合第四章"资格预审申请文件格式"的要求。

第四，联合体申请。以联合体形式申请资格预审的，法定代表人授权委托书或法定代表人身份证明须由联合体牵头人按照规定出具。

第五，申请人基本情况。"申请人基本情况表"应附上相关证件的复印件，包括但不限于企业法人营业执照副本、组织机构代码证副本（若适用）、施工资质证书副本、安全生产许可证副本、基本账户开户许可证等。同时，应提供在交通运输部"全国公路建设市场信用信息管理系统"中的网页截图复印件，以及在国家企业信用信息公示系统中的基础信息网页截图或相关证明文件。

第六，"财务状况表"应附上经审计的财务会计报表复印件，包括资产负债表、现金流量表、利润表和财务情况说明书等，具体年份要求详见申请人须知前附表。

第七，类似项目业绩。"近年完成的类似项目情况表"应附上相关项目的网页截图复印件，包括项目名称、标段类型、合同价、主要工程量、项目主要管理人员等详细信息。

第八，信誉情况。"申请人的信誉情况表"应附上在国家企业信用信息公示系统中的网页截图复印件，证明申请人未被列入严重违法失信企业名单，以及在"信用中国"网站中的相关记录。

第九，项目经理和项目总工程师资历。应附上项目经理和项目总工程师的身份证、职称资格证书及相关证书复印件，以及在交通运输部或省级交通运输主管部门"公路建设市场信用信息管理系统"中的业绩网页截图复印件。

第十，其他管理和技术人员。若有"拟委任的其他管理和技术人员汇总表"，应填报相关人员的相关信息，并附上相应的身份证、职称资格证书及相关证书复印件。

第十一，施工机械和设备。若有"拟投入本标段的主要施工机械表"和"拟配备本标段的主要材料试验、测量、质检仪器设备表"，应填报满足规定的机械设备和试验检测设备。

第十二，信息一致性。申请人在资格预审申请文件中填报的所有信息，包括资质、业绩、主要人员资历、信用等级等，应与在交通运输主管部门"公路建设市场信用信息管理系统"上填报并发布的信息保持一致。申请人有责任确保所提供信息的真实性、完整性和准确性，并根据实际情况及时更新。

（5）资格预审申请文件的装订与签字规范。

第一，文件编制与签字要求。申请人应严格遵循"申请人须知"中的各项规定，精心编制完整的资格预审申请文件。文件内容应采用不褪色的材料书写或打印，以确保信息的持久性和清晰度。在资格预审申请文件格式中，凡明确要求由申请人法定代表人或其委托代理人签字之处，必须严格遵循，由相关人员亲笔签名，严禁使用印章、签名章或其他形式的电子制版签名进行替代。同样，对于明确要求加盖单位章的地方，必须准确无误地加盖单位章。特别地，资格预审申请函及对资格预审申请文件的澄清和说明部分，应特别注意加盖申请人单位章，或由申请人的法定代表人或其委托代理人亲笔签字。对于以联合体形式申请资格预审的情况，资格预审申请文件的签署与盖章应遵循特殊规定。具体而言，文件应由联合体牵头人的法定代表人或其委托代理人按照上述规定签署，并加盖联合体牵头人的单位章。此外，文件中如有任何改动之处，同样需要加盖申请人单位章或由申请人的法定代表人或其委托代理人签字确认，以确保文件的真实性和完整性。

第二，文件份数与标记。资格预审申请文件应包含正本一份及若干副本（具体份数参见申请人须知前附表）。正本和副本的封面右上角应清晰、明确地标记"正本"或"副本"字样，以便于区分和管理。此外，申请人还需根据申请人须知前附表的要求，提供相应的电子版文件。在处理文件时，若副本与正本内容不一致，或电子版文件与纸质正本文件存在差异，应以纸质正本文件为准。

第三，文件装订与页码。资格预审申请文件的正本与副本应分别装订成册，采用A4纸，并编制清晰的目录，逐页标注连续页码。装订过程中，应确保文件装订牢固，不得采用活页夹等易导致文件松散的装订方式。若因文件装订松散而导致文件丢失或其他不良后果，招标人将不承担任何责任。此外，关于装订的具体要求，请参见申请人须知前附表中的详细规定。

（6）资格预审申请文件编制的技巧。

第一，未雨绸缪，抢占先机。在资格预审的筹备阶段，应给予信息工作高度重视。除了利用专业或行业报纸、指定报刊及互联网等媒体广泛收集招标信息外，还应有目的、有重点地跟踪潜在项目，并提前规划，适时做好各项准备工作，以确保在竞争中赢得先机。

第二，精准定位，凸显优势。在编制资格预审申请文件时，需深入分析项目特点，明确目标，突出本企业在施工经验、施工水平、管理组织能力和资源实力等方面的优势。特别是要针对工程的具体需求，展示本企业的"亮点"，以增强评审机构的认可度和信任度。

第三，实事求是，合理评估。面对施工项目，应客观评估本企业的实力与条件。若项目难度较大，如资金、技术水平、经验等方面存在限制，本企业难以独立胜任或承担较大风险时，应考虑采取联合体承包的方式，并与合作伙伴签订好联合体协议，共同分担风险，共享资源。

第四，严格规范，确保无误。编制资格预审申请文件时，必须遵循全面、适当、真实、及时性的原则。要逐项核实填报内容，确保信息的准确无误；检查证明材料的复印件是否齐备，避免遗漏；同时，注意资格预审材料的签署盖章是否完善，投标授权书是否已正确开具，并视情况完成必要的公证手续，以确保文件的合法性和有效性。

第五，持续跟踪，动态调整。递交资格预审申请表后，投标人应密切关注评审动态，做好跟踪工作。一旦发现问题或需要补充资料，应及时响应，迅速补充完善，确保申请文件始终符合评审要求，提高中标概率。

3. 研究招标文件

精读、分析招标文件的目的有：①全面了解承包人在合同中的权利和义务；②深入分析施工中承包人所面临和需要承担的风险；③缜密研究招标文件中的漏洞和疏忽，为制订投标策略寻找依据，创造条件。招标文件内容广泛，投标人应对以下 5 个可能对投标结果产生重大影响的方面加以注意。

（1）投标人须知。投标人一旦提交了投标文件，则应在整个投标文件有效期内对其投标文件负责。在投标人须知中，应特别注意招标人评标的方法和标准、授予合同的条件等，以使投标人有针对性地投标。投标一旦偏离或者不完整，就有可能导致废标。

（2）认真研究合同条件。合同条件，尽管其本质为商业性文件，但同样承载着法律效力，对双方均具有约束力。投标人员在日常工作中应积极学习、熟悉并深入研究通用合同条款，这些条款构成了合同的基础框架。专用条件，则是针对特定项目由业主定制，旨在补充和完善通用条款，以更好地适应本地区、本项目的实际需求的。因此，在投标阶段，对专用条件的深入研究显得尤为重要，特别是那些对投标书编制及投标报价产生重大影响的条款，更应引起投标人员的高度重视和反复研究。

第一，关于工期要求及延期惩罚（或提前完工奖励）。工期是承包工程的硬性指标，直接关系到承包商的信誉与利益。按期完成工程是承包商履约能力的重要体现，而延期则可能被视为履约能力不足，不仅会给业主带来经济损失，还会增加承包商自身的成本开支，如人工费、管理费、设备折旧费等，并影响资金、施工设备及人员的周转效率，从而导致工程成本上升。此外，延期还可能引发业主的反索赔，即延期罚款，其计算方式多样，常以合同总额的日千分之几为基准，高额的罚款可能使承包商承受巨大经济损失。为避免此类情况，承包商需根据合同规定的工期合理安排施工计划，确保充足的施工设备与劳务投入。同时，还应注意工期的计算方法对施工组织计划的影响，以及缺陷责任期内的责任与费用承担问题。

第二，预付款及保留金。预付款是业主在工程结算前提供给承包商的资金支持，用于施工准备、购置施工机械和材料等，属于无息贷款范畴。预付款的扣还方式及比例因国家、业主而异，需仔细研究合同条款以明确具体规定。此外，还需了解预付款的种类及限额，如开工预付款、材料预付款和施工机械预付款等。保留金则是作为施工质量问题维修保证金在工程结算时扣留的一部分金额，其退还条件与期限也需根据合同条款确定。

第三，报价方式与支付条件。报价方式与支付条件是投标书编制中的关键环节。投标前需明确招标文件规定的合同类型，如单价合同、成本加酬金合同等，并根据合同类型制定相应的报价策略。同时，还需关注支付条件的相关规定，确保资金回笼的及时性与安全性。

第四，税收问题。税收是承包商在投标时需重点考虑的因素之一。不同地区、不同项目的税收政策可能存在差异，因此承包商需通过多种途径了解并掌握相关纳税项目、税率及纳税程序，以确保报价的准确性和合规性。

第五，其他注意事项。除上述几点外，投标人员还需注意标书中关于工程保险、第三者保险、承包商运输和工程机械保险的规定以及保函的开具要求等。履约保函作为保证承包商履行合同义务的重要手段，其金额通常为合同金额的 10% 左右，但也可能存在其他形式的担保方式。此外，在涉及改建道路或交叉道路等特殊情况时，还需考虑如何保证施工期间的正常交通秩序，并制定相应的交通疏导措施。

（3）深入研究技术规范与报价项目细节。在编制投标价时，务必紧密依据招标文件中规定的技术规范、工程量清单中详细列出的项目，以及每条项目背后对工程内容的详尽说明进行。任何细微的疏忽都可能导致投标失误，因此必须保持高度的细致与严谨。

初入一个地区时，面对新的技术规范条文，应秉持逐条逐句细读的态度，不可因部分条目看似与以往在其他地区遇到的相似而掉以轻心，因为不同项目间即使是相同的工作项目，其具体内容也可能存在显著差异。针对综合性项目，特别要留意其所涵盖的广泛工作内容，确保无一遗漏。

值得注意的是，对于技术规范明确要求的工作内容，若在工程量清单中未明确列出或隐含其中，也需在编制投标价时将其纳入考虑，以防漏项导致经济损失。遇到任何不清晰或模糊之处，应充分利用标前会议的机会向业主提出疑问，寻求澄清。特别是对于那些描述含混的项目，如清除植被时未明确树木的具体尺寸，结构开挖未区分土质、石质及干湿情况等，这些都需要通过现场勘查来进一步确定施工难度和成本。

此外，还应警惕那些未经过充分勘探的隐蔽工程，其粗略估计的数量往往存在较大不确定性。一旦实际工程量远超预计，或遭遇特殊地质条件（如多年失修的地下管线、坚硬石方、特殊土质等），都可能给承包商带来重大挑战。因此，在遇到此类可疑情况时，应积极采取措施进行调查，甚至进行试探性勘探，以便更准确地评估风险并进行相应的准备。

在投标书中，针对可能出现的意外情况，应明确提出制约条件，如当实际工程数量超过清单所列"名义数量"达到一定限度时，应要求重新议价，以保障自身权益。同时，在报价时应考虑一定的风险溢价，以应对潜在的不确定性，确保项目实施的稳健性。

（4）招标图纸与参考资料的重要性。招标图纸作为招标文件和合同的关键组成部分，其地位不可或缺。它们是投标人在构思施工组织方案、确定施工方法乃至提出替代方案时，所必需依赖的宝贵资料。同时，这些图纸也是投标人在精确计算投标报价过程中不可或缺的依据。

在投标过程中，投标人必须严格遵守规定，首先依据招标图纸和工程量清单来计算投标价。即便在某些情况下，投标人被允许提出替代方案进行投标，也需首先按照招标图纸的标准提出基本的投标报价，随后再针对替代方案提出相应的投标报价。这样的安排有助于评标委员会在后续环节中进行全面的审查与比较。

招标图纸中，地质钻孔柱状图、土层分层图等详细信息，均为投标人提供了重要的参考资料。此外，招标人提供的水文、气象等自然环境资料，同样是投标人制定施工方案、确定施工方法以及提出投标报价时不可或缺的参考依据。投标人应当充分利用这些资料，进行深入的分析与判断，从而制定出既符合实际情况又具备竞争力的施工方案和投标报价。

值得注意的是，尽管投标人可以依据招标人提供的资料进行自主分析和判断，但业主和监理工程师并不对这类分析和判断的结果承担任何责任。因此，投标人在进行资料分析和判断时，应保持高度的谨慎性和专业性，确保所作出的决策和判断均基于充分的调研和论证。

（5）重视工程量清单。工程量清单在公路工程中的重要性不容忽视，尤其是在单价合同或以其为主导的合同模式下。招标人通常会提供带有数量的工程量清单，供投标人进行报价参考。在深入研究招标文件中的工程量清单时，以下方面需特别注意。

第一，务必细致分析招标文件中的工程量清单编制体系与方法，确保对工程量清单的构成有清晰的理解。

第二，应结合工程量清单、技术规范及合同条款，全面探讨永久性工程以外的项目是否有特定的报价要求，这有助于投标人准确制定报价策略。

第三，针对不同类型的合同（如总价合同与单价合同），投标人需采取不同的报价方法与策略。在总价合同中，承包商需特别关注工程量核算的准确性，以降低工程量方面的风险；而在单价合同中，则需对每一子项工程的单价进行详尽的分析与综合，以规避单价不准确带来的风险。

第四，核实工程量是投标过程中的关键环节。尽管招标文件的工程量清单中已详细列出了各项工程量，但由于多种因素，这些数量可能与图纸中的实际数量存在出入。因此，无论合同类型如何，投标人都应依据工程招标图纸和技术规范，对工程量清单中的各项工程量进行逐一核对。在时间紧迫的情况下，也应优先对工程量大、造价高的主要项目进行核算。同时，需明确的是，招标文件中的工程量通常为投标时的参考量，并不作为合同执行期间工程价款支付的直接依据。若发现工程量存在显著差异且可能给投标人带来较大风险时，应及时通知招标人并要求更正。若招标人拒绝更正，投标人可选择有条件报价或将相关风险费用纳入投标报价中。对于一般的工程量偏差，通常建议按原工程量进行报价。但考虑到策略性调整，当工程量清单中某项目工程量偏小时，投标人可适当提高单价，以便在合同实施时因实际工程量增加而获得更多利润；反之，若原工程量偏大，则可适当降低单价以降低总报价，提高中标概率。不过，这样做可能会减少该项目未来的工程价款结算额，因此需将这部分减少的款额合理分摊至同期施工的其他项目中。

4. 现场考察工作

现场考察是承包商在投标过程中全面了解现场施工环境和潜在施工风险的关键环节，也是制定合理投标报价的重要前提。根据国内招标的相关规定，投标人应积极参与由业主（招标人）组织的正式现场考察活动。未参加正式现场考察的投标人，可能会面临投标资格被取消的风险。因此，投标人的报价应当建立在充分现场考察的基础上，充分考量施工中可能遇到的各种风险及相应费用。

为确保现场考察的有效性和针对性，投标人在出发前应精心准备，包括拟定考察提纲、明确考察疑点，并设计好现场调查表格，以便有准备、有计划地进行考察。现场考察的主要内容涵盖以下方面。

（1）地理、地貌与气象条件。首先，验证项目所在地及附近地形地貌是否与设计图纸相符；其次，了解项目所在地的河流水深、地下水情况及水质；接着，掌握近20年的气象数据，包括最高最低气温、每月雨量、雨日、冰冻深度、降雪量、冬季时间、风向风速及台风等极端天气情况；再次，还需关注当地特大风、雨、雪等自然灾害的历史记录及地震灾害情况；最后，考察自然地理条件，如修筑便道的位置、高度、宽度标准，以及水、陆运输条件等。

（2）工程施工条件。包括工程所需当地建筑材料的料源及分布地；场内外交通运输条件，如现场周围道路桥梁的通过能力，以及便道便桥的修建位置、长度和数量；施工供电、供水条件，特别是外电架设的可能性及其相关费用；新盖生产生活房屋的场地情况，以及租赁民房的可能性和租地单价；当地劳动力的来源、技术水平及工资标准；此外，还需了解当地施工机械的租赁、修理能力及价格水平。

（3）自然资源与经济状况。考察工程所需各种材料在当地市场的供应情况，包括数量、质量、规格、性能及价格；了解当地借土地点、数量、单价及运距；掌握各种运输、装卸费用及汽柴油价格；同时，关注当地主副食供应情况和近3~5年的物价上涨率；此外，还需了解保险费、税费等相关费用情况。

（4）工程施工现场人文环境，主要关注工程所在地的人文环境，包括健康、安全、环保和治安等方面。具体考察内容可包括民风民俗、医疗设施及救护能力、环保要求及废料处理措施、保安措施等，以确保施工期间能够遵守当地法律法规，维护良好的社区关系。

5. 投标质疑工作

投标质疑作为投标流程中不可或缺的一环，对于保障投标人的权益及促进招标过程的透明度和公正性具有重要意义。自招标人发售招标文件起，至招标文件所规定的时间段内，投标人均有权通过书面形式提出各类质疑。同时，招标人也保留对招标文件中可能存在的问题进行修改和发布补遗的权利。这些修改和补遗，将通过编号的补遗书形式，发送给所有已购买招标文件的投标人，并自动成为招标文件的正式组成部分，对后续合同签订双方均具有同等的法律约束力。

在进行投标质疑，特别是要求业主对招标文件进行澄清时，投标人应谨慎考虑并遵循以下原则。

（1）保护优势信息。对于招标文件中那些可能对投标人构成有利条件的条款或信息，应谨慎处理，避免轻易提请澄清，以免这些信息成为竞争对手分析的线索，从而削弱了投标人的竞争优势。这些有利之处往往可以成为投标人制定独特报价策略的重要突破口。

（2）保护投标策略。在质疑时，投标人应时刻注意保护自身的投标策略和商业秘密，避免通过问题提问泄露自己的施工设想、方案等关键信息，防止被竞争对手窥探并利用。

（3）明确关键问题。对于招标文件中含糊不清或存在矛盾的重要合同条款，如工程范围界定不明确、招标文件与图纸内容相冲突、技术规范设置不合理等问题，投标人应积极主动地向业主或招标人提出澄清请求，以确保对合同内容有清晰、准确的理解。

（4）坚持书面沟通。所有关于澄清的请求及业主或招标人的答复，均应以书面形式进行记录和确认。这是为了确保沟通内容的准确性和可追溯性，避免口头答复可能带来的误解和争议，从而更加稳妥地确定投标报价。

6.编写施工技术标书

投标人在深入研读招标文件、全面考察施工现场，并充分收集与掌握必要的基础资料与信息后，即可依据招标文件所附的具体格式和要求，精心编写施工组织设计文件。施工组织设计不仅是评标、定标过程中至关重要的参考资料，也是投标人制定商务标书与合理报价的重要基础与依据。

在编写过程中，投标人应确保施工组织设计内容翔实、逻辑清晰，能够充分展现其对项目的理解深度、技术实力及施工组织管理能力。同时，用词须专业、准确，符合行业规范与学术标准，展现出积极向上的企业形象与态度。

具体而言，施工组织设计应涵盖项目概况、施工总体部署、主要施工方法与技术措施、施工进度计划、资源需求计划、质量保证体系与安全环保措施等多个方面。通过科学合理的规划与设计，确保施工过程的有序进行，提高施工效率与质量，降低施工风险与成本。

7.编写商务标书

商务标书是投标人向招标人展示其综合实力与项目执行能力的重要文件，主要通过表格化形式详尽呈现投标人的基本信息、人力资源配置、设备状况、过往业绩、财务健康度等核心数据，同时概括性地介绍施工组织设计的关键参数。作为招标过程中招标人评估与选择投标人的关键依据之一，商务标书的编制需严谨细致，确保内容的真实性、完整性和专业性。

8.制定报价文件

报价文件作为招标文件中的核心组成部分，其重要性不言而喻。它不仅是招标人进行评标、定标时的重要依据，还直接关系到投标人能否成功中标以及中标后能否实现预期的经济效益。

在制定报价策略时，投标人应充分考虑项目的实际情况、自身的技术实力、成本控制能力以及市场竞争态势等因素，制定出既具有竞争力又符合项目需求的报价方案。同时，掌握一些报价技巧，如合理分摊成本、利用不平衡报价法等，也能在一定程度上提高中标概率和经济效益。

在编制工程量清单时，投标人须严格按照招标文件的要求，结合施工图纸、技术规范等相关资料，逐项列出项目所需的人工、材料、机械等费用，并确保数据的准确性和完整性。工程量清单的编制质量直接影响到报价的准确性和合理性，因此必须高度重视。

此外，投标人在编制报价文件时，还应注意语言的准确性和规范性，避免使用模糊、含糊的表述，确保文件内容清晰、明了。同时，还应注重文件的排版和格式，使其更加美观、易读，给招标人留下良好的印象。

9. 合成、报送标书，参加开标会

在投标文件的商务部分、技术部分及报价部分均已完成编制，且经过多轮细致校核，确认无误之后，投标人需将这三部分资料进行有序地整合与合成。整合过程中，应确保各部分内容逻辑清晰、条理分明，并统一进行编码，以便于管理和识别。随后，将整合后的文件打印输出，按照招标文件的具体要求进行精心封装，确保文件的完整性和规范性。

在投标截止日期之前，投标人必须确保标书已按时送达至指定的开标现场。同时，应派遣专业人员前往参加开标会议，以便在会议过程中及时了解开标进展，并做好详细的现场开标记录。这些记录不仅有助于投标人后续对投标结果的跟踪与反馈，也是保障投标人权益的重要一环。

在整个过程中，投标人应始终保持高度的责任心和敬业精神，确保标书内容的真实性、准确性和完整性，同时遵循学术规范和行业准则，以积极正向的态度参与投标活动。

10. 澄清投标书

开标程序结束后，投标人应细致分析开标情况，识别并确定投标书中可能存在的需要进一步说明或解释之处。随后，投标人应积极主动地准备相应的澄清资料，这些资料应直接针对潜在疑问或模糊点，确保内容准确、全面且具有说服力。此举旨在提升投标书的透明度和可信度，为评标委员会提供清晰、完整的投标信息，以便进行公正、客观的评价。

在准备澄清资料时，投标人应确保用词专业、准确，符合行业规范及学术标准，同时保持语言的积极正向，避免任何可能引起误解或负面印象的表述。澄清内容应逻辑清晰、条理分明，能够直接回应评标委员会或招标方的关切点，展现投标人的专业素养和诚信态度。

此外，投标人还需注意澄清资料的时效性，确保在评标委员会要求的时间内提交，以免错过澄清机会。同时，对于评标委员会可能提出的进一步询问或要求，投标人应做好充分准备，及时、准确地给予回应，以维护自身的投标权益。

11. 合同谈判与签订

一旦投标人收到中标通知书或被正式确定为中标候选人，必须立即着手精心准备合同谈判所需的一切资料。这一步骤至关重要，因为它将为后续的合同签署奠定坚实基础。同时，投标人还需积极办理或准备好各类担保书，包括但不限于履约担保和开工预付款担保，以确保合同的顺利执行和双方权益的有效保障。

在筹备过程中，投标人应全面考虑并计划好拟进场的资源配置，包括但不限于人力资源、物资设备、技术支持等，以确保项目能够按时、按质、按量顺利推进。这一环节的细致规划与有效执行，将直接关系到项目的成功与否，因此必须给予高度重视。

此外，在合同谈判与签订阶段，投标人应保持积极、开放的态度，与招标方进行充分、有效的沟通与交流。双方应就合同条款、履行方式、违约责任等关键事项进行深入探讨，并努力达成共识。在谈判过程中，投标人应坚持原则，同时展现灵活性与合作精神，以促成双方都能接受的合同文本。

最终，当双方就合同内容达成一致后，应及时签订正式合同，并严格按照合同条款履行各自义务。通过这一系列严谨、细致的步骤，投标人可以确保合同谈判与签订工作的顺利进行，为项目的成功实施奠定坚实的基础。

12. 标后分析与总结

标后分析与总结，作为投标流程中不可或缺的一个重要阶段，其重要性不容忽视。这一环节不仅是投标人对自身参与投标活动进行全面回顾的契机，更是分析得失、提炼经验教训、优化未来投标策略的关键步骤。

在标后分析与总结中，投标人应当首先审视自身的投标过程，从准备阶段到提交标书，再到参与开标、评标等各个环节，逐一进行细致梳理。通过对比招标要求与自身投标文件的契合度，分析投标策略的有效性，以及评估竞争对手的表现，投标人可以清晰地认识到自身在投标过程中的优势与不足。

进一步地，投标人需要深入剖析导致投标成功或失败的关键因素。对于成功的案例，应总结其成功的原因，包括投标策略的精准性、技术方案的优越性、报价的合理性等，以便在未来的投标活动中加以借鉴和发扬。而对于失败的案例，则更应深入分析其背后的原因，是投标策略失误、技术方案不够成熟，还是报价过高或过低等，从而明确改进的方向和重点。

在总结经验教训的基础上，投标人还应积极调整和优化自身的投标策略。这包括但不限于提高市场调研的精准度、加强团队协作与沟通、完善技术方案和报价体系等。通过不断优化投标策略，投标人可以提升自身在投标市场中的竞争力，增加中标的机会。

此外，标后分析与总结还应注重对未来投标趋势的预判和把握。随着市场环境的不断变化和技术的不断进步，投标工作也面临着新的挑战和机遇。投标人应密切关注行业动态和政策导向，及时调整自身的投标方向和重点，以适应市场的变化和需求。

以上工作任务基本上按照先后顺序进行编排，但有一些工作可以交叉同时进行，如标书3个部分的编制等。

（二）投标文件的编制要求

1. 投标文件的内容组成

投标文件的组成，也就是投标文件的内容根据招标项目的不同，投标文件的组成也会存在一定的区别。通常情况下，投标文件主要由以下内容组成。

（1）投标函及投标函附录。

（2）法定代表人身份证明或附有法定代表人身份证明的授权委托书。

（3）联合体协议书（如有）。

（4）投标保证金。

（5）已标价工程量清单。

（6）施工组织设计。

（7）项目管理机构。

（8）拟分包项目情况表。

（9）资格审查资料。

（10）承诺函。

（11）调价函及调价后的工程量清单（如有）。

（12）投标人须知前附表规定的其他材料。

2. 投标文件的质量特征

一份真正能够获得招标人接受与认可的投标文件，必须展现出全面、适当、完整、有效及真实的质量特征。这些特征共同构成了投标文件的核心竞争力，缺失其中任何一项都可能导致投标文件被视为无效，进而错失中标机会。

（1）全面性。指投标文件必须全面覆盖招标文件中要求的所有资料和信息。这要求投标人在准备文件时，细致阅读招标文件，确保无一遗漏地提供所有必要资料，以满足招标人的全面审查需求。

（2）适当性。强调投标文件的内容应严格遵循招标文件的指导原则，既不过度提供与招标要求无关的资料，也不遗漏任何关键信息。适当性体现了投标人对招标要求的精准理解和准确把握，有助于提升文件的针对性和有效性。

（3）完整性。指投标文件所提供的资料必须完整无缺，任何环节的遗漏或缺失都可能影响招标人对投标人的综合评价。完整性要求投标人在资料整理和提交过程中，保持高度的责任心和细致的工作态度，确保文件内容的完整性和连贯性。

（4）有效性。强调投标文件所提供的资料必须能够实质性响应招标文件的要求。这要求投标人在准备文件时，不仅要提供全面、适当的资料，还要确保这些资料能够准确、有效地反映投标人的实际能力和竞争优势。例如，针对招标文件中的特定要求（如近5年的施工业绩），投标人必须提供符合时间范围且真实有效的证明材料，否则将被视为无效投标。

（5）真实性。是投标文件质量特征的核心要求之一。真实性要求投标文件中的所有资料必须真实可信，不得存在任何虚假或误导性信息。一旦发现虚假资料，将严重影响投标人的信誉和声誉，并可能导致废标处理。因此，投标人在准备文件时，必须严格遵守诚信原则，确保资料的真实性和准确性。

3. 文件编制的注意事项

投标文件作为实质性响应招标文件的要约，其重要性不言而喻。一旦招标人接受，即意味着投标人中标。因此，在编制投标文件时，投标人必须持以高度的审慎态度，确保每一个细节都准确无误。

（1）全面详尽，避免遗漏。投标人应严格按照招标文件规定的格式填写投标书或投标函，确保所有必要信息如投标项目名称、投标人名称、地址、投标总价、总工期、投标人签名盖章等均已完整无误地填写。同时，还需注意投标书的文件份数、种类及有效期均需符合招标文件的要求。

（2）细致核对，确保无误。在填写工程量清单等关键内容时，投标人应反复核对单价、分项细目合价、每页小计、每章合计及投标总价等，确保所有数字（包括大小写）及算术运算均准确无误，并签字确认以示负责。

（3）保持整洁，避免修改。投标文件的格式和内容应保持整洁，不得随意更改或直接在文件上进行修改。若发现错漏，应更正后重新打印输出，以确保文件的整洁性和专业性。

（4）字迹清晰，样式美观。为提高投标文件的可读性和专业性，建议使用计算机打印文件，避免复写、抄写或复印导致的字迹模糊。同时，注意文件的排版和样式，使其更加美观大方。

（5）手续完备，装帧规范。投标人应确保所有手续完备，如法人代表签字盖章、法定代表人或授权代理人在投标书每一页上的签署确认等。此外，投标文件的装帧也应大方得体，正、副本应分别密封包装并加盖密封章。同时，务必在规定的时间之前递交投标文件。

（6）保密措施，防范泄密。在编制和递交投标文件的过程中，投标人应采取必要的保密措施，防止敏感信息泄露。例如，报价文件可在最后时刻定版，若投标保函金额与报价成比例关系，可考虑适当提高保函金额以增强安全性。

（7）遵循规范，不标新立异。投标人应严格按照招标文件的要求办理投标保函或投标保证金等相关手续，确保担保格式、签章银行、担保金额、担保期限等均符合要求。同时，在办理过程中应遵守相关法律法规和法定程序，不得别出心裁或违反规定。

第二节　公路工程项目招投标的开标、评标与定标

"随着我国现代化进程的加快和经济水平高质量绿色发展，公路建设行业迎来新的发展机遇，公路工程招投标也日益增多。"[①] 工程施工招标投标的过程中，非常核心且重要的环节就是评标、定标。从某个角度说，评价、招标、投标的成功与否，只需考察其评标、定标过程。

一、开标、评标与定标的内容、组织及原则

（一）开标、评标和定标的内容

在招投标流程的后期，开标、评标与定标是至关重要的环节，它们共同确保了招标过程的公正性、透明度和最终结果的合理性。以下是这些环节所包含的主要内容。

第一，组建评标、定标组织。这一步骤是确保评审工作专业性和公正性的基础。通常需要成立一个由行业专家、技术骨干及法律顾问等组成的评标委员会或定标小组，他们将在后续环节中负责评审投标文件、打分及最终确定中标单位。

第二，确定评标、定标活动原则和程序。明确的活动原则，如公平、公正、公开，以及具体的评审程序，如先形式审查后实质评审、打分标准与权重分配等，都是保障评审过程有序进行的关键。这些原则和程序应当在招标文件中事先公布，以便所有潜在投标人了解并遵守。

第三，制定评标、定标的具体方法。评标方法的选择直接影响评审结果的公正性和科学性。常见的评标方法包括综合评分法、最低评标价法、性价比法等，每种方法都有其特定的适用范围和优缺点。定标方法则主要涉及如何在多个候选人中选出最合适的中标者，可能包括直接选择最高分者、进行谈判后确定等。

第四，确定中标单位。在评标工作完成后，根据既定的评标方法和标准，评标委员会或定标小组将评选出得分最高或综合条件最优的投标人作为中标单位。这一结果应当公开宣布，并通知所有未中标的投标人，同时按照招标文件的规定，与中标单位签订正式合同。

在整个开标、评标和定标过程中，保持内容的真实性、实时性和准确性至关重要。用词需专业、准确，符合学术规范，且语言应积极正向，避免产生歧义或误导。同时，应确保所有步骤都符合相关法律法规的要求，以保障招标活动的合法性和有效性。

---

① 何龙. 公路工程招投标报价中保险费用的合理确定 [J]. 价值工程，2021，40（25）：60-62.

（二）开标、评标和定标的组织

在建设工程施工招标投标的过程中，评标与定标工作由特定的组织——评标委员会负责执行。评标委员会，作为在招投标管理机构监督下由招标人依法设立的临时性组织，其核心职责在于对投标文件进行细致评定，并据此提出书面评标报告，推荐或直接确定中标候选人。

鉴于评标委员会的人员构成对评标、定标结果的直接影响，以及其涉及的多方经济利益，加之工作的经济性、技术性和专业性要求极高，因此，评标委员会的成员应由招标人或其委托的招标代理机构中熟悉相关业务的代表，以及来自技术、经济等领域的专家共同组成。成员人数需设定为5人以上的单数，其中，经济、技术方面的专家占比不得低于成员总数2/3。这些专家通常从省级以上人民政府相关部门提供的专家名册或招标代理机构的专家库中选取，对于一般工程项目，可采用随机抽取的方式确定；而对于技术复杂、专业性要求高或国家有特殊要求的招标项目，招标人有权直接指定专家。此外，评标委员会成员名单在开标前应严格保密，直至中标结果确定。

评标委员会的主要工作内容包括：一是负责具体的评标工作，根据评审结果向招标人推荐中标候选人，或在获得授权的情况下直接确定中标人；二是拥有否决所有投标的权力，当所有投标均不符合招标文件要求，或有效投标数量少于3家时；三是完成评标后，须向招标人提交详尽的书面评标报告。

为确保评标工作的专业性和公正性，评标专家需满足条件：①需在相关专业领域工作满8年，并具备高级职称或同等专业水平；②需熟悉招标投标的法律法规，并具备与招标项目相关的实践经验；③需能够秉持认真、公正、诚实、廉洁的原则履行职责。

为避免利益冲突，确保评标过程的公平与公正，存在这些情形之一的人员不得担任评标委员会成员：一是投标人或其主要负责人的近亲属；二是项目主管部门或行政监督部门的工作人员；三是与投标人有经济利益关系，可能影响公正评审的人员；四是曾因在招标、评标等活动中违法而受到行政或刑事处罚的人员。若评标委员会成员发现自身存在上述情形之一，应主动提出回避。

此外，任何单位或个人均不得对评标委员会施加不当压力，干扰其正常评标工作。评标委员会成员在评标定标过程中，应严格遵守职业道德，不得与投标人或与招标结果有利害关系的人进行私下接触，更不得收受任何形式的财物或其他好处，以确保评标定标工作的公正性和公平性。

（三）开标、评标和定标的原则

第一，建设工程评标定标活动应当严格遵循公平、公正、公开和诚实守信的基本原则。具体而言，公平原则要求在评定标过程中，所有投标人均应受到平等对待，不得有任何偏袒或歧视，确保每个投标人都有平等的机会展示其优势和竞争力。公正原则则强调在评标过程中，应以客观、中立的态度对投标文件进行评判，不受主观情感或偏见的影响，确保评标结果的客观性和公正性。

第二，坚持科学、合理、择优的原则。科学原则意味着评标办法应基于科学的方法和理论，确保评标过程的合理性和有效性。合理原则要求评标标准应明确、具体、可操作，能够真实反映投标人的综合实力和优势。择优原则则是评标的最终目标，即在所有投标人中，选择出最符合项目需求、性价比最高、综合实力最强的投标人作为中标候选人。

第三，遵循正当竞争的原则。在评标和定标过程中，应坚决抵制任何形式的不正当竞争行为，如串通投标、虚假报价等，确保评标活动的公正性和合法性。同时，应严格按照招标文件规定的程序和标准进行评标和定标，不得以招标人的主观意愿或不当干预来影响评标结果。

第四，贯彻业主对本工程施工招标的各项要求和原则。业主作为招标活动的发起者和受益者，其需求和原则对于评标和定标具有决定性作用。因此，在评标和定标过程中，应充分了解和尊重业主的意愿和要求，确保中标结果能够满足业主的期望和需求。同时，也应遵循相关法律法规和行业规范，确保评标和定标活动的合法性和规范性。

二、开标、评标和定标的程序及要求

（一）开标的要求及程序

招标投标活动经过招标阶段、投标阶段后，就进入开标阶段。

1. 开标的要求

开标是指在投标文件确定的投标截止时间的同一时间，招标人依照投标文件规定的地点，开启投标人提交的投标文件，并公开宣布投标人的名称、投标报价、工期等主要内容的活动。它是招标投标的一项重要程序，具体要求如下。

（1）提交投标文件截止之时，即为开标之时，其中无间隔时间，以防不端行为有可乘之机。

（2）开标的主持人是招标人或招标代理机构，并负责开标全过程的工作；参加人主要有评标委员会成员和所有投标人。

2. 开标的程序

（1）开标的前期准备工作。①开标前，应向当地政府招标管理部门进行开标大会的监督申请；②根据招标文件的开标地点做好落实工作；③通过专家库信息网随机抽取完成专家标委的申请工作；④招标人按照招标投标中规定的时间和地点接受投标人提交的投标文件。

（2）召开开标大会。开标大会由招标人或招标代理机构主持，负责开标全过程的工作。参加人员除评标委员会成员外，还应当邀请所有投标人参加，一方面使投标人得以了解开标是否依法进行，起到监督的作用；另一方面了解其他人的投标情况，做到知彼知己，以衡量自己中标的可能性，或者衡量自己是否在中标的名单之中。政府招标管理部门监督开标过程"公开、公平、公正"进行。

会议议程包括：①宣布开标纪律；②公布在投标截止时间前递交投标文件的投标人名称，并点名确认投标人是否派人到场；③宣布开标人、唱标人、记录人、监标人等有关人员姓名；④按照投标人须知前附表规定检查投标文件的密封情况；⑤按照投标人须知前附表的规定确定并宣布投标文件开标顺序；⑥设有标底的，公布标底；⑦按照宣布的开标顺序当众开标，公布投标人名称、标段名称、投标保证金的递交情况、投标报价、质量目标、工期及其他内容，并做好开标记录；⑧投标人代表、招标人代表、监标人、记录人等有关人员在开标记录上签字确认；⑨投标人介绍投标书主要内容；⑩投标人接受专家评委质疑；⑪开标结束。

（二）评标的要求及程序

1. 评标的要求

评标工作由评标委员会主持进行，对评标委员会主要有如下要求。

（1）评标委员会成员应当客观、公正地履行职责，遵守职业道德，对所提出的评审意见承担个人责任。

（2）评标委员会成员不得私下接触投标人，不得收受投标人的财物或者其他好处。

（3）评标委员会成员和参与评标的有关工作人员不得透露对投标文件的评审和目标候选人的推荐情况以及与评标有关的其他情况。

（4）评标委员会可以要求投标人对投标文件中含义不明确的内容作必要的澄清或者说明，但是澄清或者说明不得超出投标文件的范围或者改变投标文件的实质性要求。

（5）评标委员会应当按照文件确定的评标标准和方法，对投标文件进行评审和比较，设有标底的应当参考标底。

（6）接受依法实施的监督。

2. 评标的程序

（1）评标的准备。

第一，评标委员会成员在正式对投标文件进行评审之前，应当深入细致地研究招标文件，主要聚焦于这些方面以全面理解招标要求：①明确招标的目标与目的；②清晰界定招标工程项目的具体范围和性质；③深入理解招标文件中阐述的主要技术要求、质量标准及商务条款；④准确把握招标文件所规定的评标标准、具体的评标方法以及在评标过程中需综合考虑的相关因素。

第二，招标人或者其依法委托的招标代理机构，有责任向评标委员会提供全面、准确且必要的评标所需信息与数据，以确保评标工作的顺利进行。

评标委员会应严格遵循招标文件中明确规定的评标标准和方法,对投标文件进行客观、公正、系统的评审与比较。任何未在招标文件中明确列出的评标方法或标准,均不得作为评标的依据或论据。因此,评标委员会成员务必深入理解并熟练掌握招标文件所规定的评标标准与方法,以确保评标结果的合法性与公正性。

(2)初步评审。初步评审是在所有投标书中筛选出符合最低要求的合格投标书的过程。这一步骤旨在剔除无效投标书和严重违反规定的投标书,从而减少详细评审的工作量,并确保评审工作的顺利进行。初步评审的内容涵盖以下方面。

第一,符合性评审。符合性评审包括形式评审、资格评审、响应性评审及商务符合性和技术符合性鉴定。投标文件应实质上响应招标文件的所有条款和条件,无显著的差异或保留。具体评审内容如下。

投标文件的有效性:投标人及联合体成员是否通过资格预审,获得投标资格。是否提交了承包方的法人资格证书及投标负责人的授权委托证书;联合体投标时,是否提交了合格的联合体协议书及投标负责人的授权委托证书。投标保证金的格式、内容、金额、有效期、开具单位是否符合招标文件要求。投标文件是否按要求有效签署。

投标文件的完整性:是否包括招标文件规定应递交的全部文件,如工程量清单、报价汇总表、施工进度计划、施工方案、施工人员和机械设备配备等,以及必要的支持文件和资料。

与招标文件的一致性:是否填写了招标文件中要求的所有空白栏目,如投标书及其附录是否完全按要求填写;对文件的条款、数据或说明是否有修改、保留和附加条件。

第二,技术性评审。技术性评审包括方案可行性评估、关键工序评估、劳务、材料、机械设备、质量控制措施、安全保证措施评估,以及对施工现场周围环境污染保护措施的评估。

第三,商务性评审。商务性评审涉及投标报价的校核,审查报价数据计算的正确性,分析报价构成的合理性,并与标底价格进行对比分析。报价中如有算术计算错误,应进行修正,修正后的报价需经投标人确认。

第四,投标文件的澄清和说明。评标委员会可要求招标人对投标文件中含义不明确、表述不一致或有明显文字和计算错误的内容进行澄清或说明。澄清或说明不能超出投标文件的范围或改变其实质性内容。澄清和说明的目的是帮助评标委员会更好地审查、评审和比较投标文件。

第五,应当作为废标处理的情况。

弄虚作假,如发现投标人以他人名义投标、串通投标、行贿或以其他弄虚作假方式投标,应作废标处理。

报价低于个别成本,如发现报价明显低于其他投标报价或标底,且可能低于个别成本,应要求投标人提供书面说明和相关证明材料，无法合理说明或提供证明的，应作废标处理。

不具备资格条件或不符合形式要求，如投标人资格条件不符合国家规定或招标文件要求，或拒不按要求澄清、说明或补正投标文件，应作废标处理。

其他废标情况：①未密封；②无单位和法定代表人或其他代理人的印鉴，或未按规定加盖印鉴；③未按规定格式填写，内容不全或字迹模糊、辨认不清；④逾期送达。

未能在实质上响应的投标：评标委员会应审查投标文件是否对招标文件的所有实质性要求和条件作出响应。未能实质响应的投标应作废标处理。

投标偏差：①重大偏差，如未提供投标担保、投标文件无签字和公章、完成期限超过规定期限、不符合技术规格要求、包装方式和检验标准不符合要求、附有招标人不能接受的条件等，可视为无效合同；②细微偏差，如在实质上响应招标文件要求，但在个别地方存在漏项或提供不完整的技术信息和数据。细微偏差不影响投标文件的有效性，但评标委员会可要求补正，拒不补正的，在详细评审时可作不利于该投标人的量化处理。

以上是对初步评审过程的详细描述，确保了评审工作的专业性和公正性。

（3）详细评审。详细评审是指经初步审核合格的投标文件，评标委员会按照招标文件确定的评标标准和方法，对其技术部分和商务部分作进一步评审和比较，并对这两部分的量化结果进行加权，计算出每一投标的综合评估得分，实现推荐合格中标候选人的目的。详细评审的主要方法有经评审的最低投标价法和综合评估法。

（4）评标结果。评标结果是由评标委员会按照得分由高到低的顺序推荐中标候选人，并在完成评标后向招标人提出书面评标结论性的报告。评标报告的内容有：①基本情况和数据表；②评标委员会成员名单；③开标记录；④符合要求的投标一览表；⑤废标情况说明；⑥评标标准、评标办法或者评标因素一览表；⑦经评审的价格或者评分比较一览表；⑧经评审的投标人排序；⑨推荐的中标候选人名单与签订合同前要处理的事宜；⑩澄清、说明、补正事项纪要。

被授权直接定标的评标委员会可直接确定中标人。对使用国有资金投资或者国家融资的项目，招标人应当确定排名第一的中标候选人为中标人。排名第一的中标候选人放弃中标，因不可抗力提出不能履行合同，或者招标文件规定应当提交履约保证金而在规定的期限内未能提交的，招标人可以确定排名第二的中标候选人为中标人。

（三）定标的要求及程序

1. 定标的要求

定标是招标投标过程中的关键环节，涉及最终中标人的确定。以下是定标的基本要求。

（1）合法性。定标过程必须严格遵守相关法律法规和招标文件的规定，确保合法合规。

（2）公正性。定标应基于评标委员会的评审结果，确保评审的公正性和透明度。

（3）公开性。定标结果应公开透明，接受社会监督，防止暗箱操作。

（4）合理性。定标应考虑投标报价、技术方案、企业信誉等多方面因素，确保选择的中标人能够满足项目需求。

（5）及时性。定标应在评标结束后的合理时间内完成，避免拖延影响项目进度。

（6）保密性。在定标结果公布前，招标方应严格保密，防止信息泄露影响定标公正性。

（7）一致性。定标结果应与评标委员会的推荐意见一致，除非有充分的理由和依据。

（8）明确性。中标通知书应明确中标金额、合同条款、合同签订时间等关键信息，避免产生歧义。

（9）可追溯性。定标过程中的所有文件和资料应妥善保存，确保可追溯性和备查。

（10）异议处理。在定标结果公布后，应设立异议处理机制，及时、公正地处理投标人或其他利害关系人的异议。

2. 定标的程序

定标是指在评标结束后，招标方根据评标结果确定中标人的过程。这一过程需要严格遵守相关法律法规和招标文件的要求，确保公开、公平、公正。以下是定标程序及要求的一般步骤和注意事项：

（1）评标结果的审查。确保评标过程符合法律法规和招标文件的规定；审查评标委员会的评审意见和推荐名单，确保评审结果的合理性和公正性。

（2）中标候选人的公示。在评标结束后，招标方应将中标候选人名单及其相关信息进行公示，公示期一般为 3 ~ 5 个工作日。公示内容包括中标候选人的名称、中标金额、中标项目等关键信息。

（3）异议处理。公示期间，投标人或其他利害关系人可以对公示内容提出异议。招标方应设立专门的异议处理机制，及时、公正地处理异议。

（4）定标决策。招标方根据评标结果和公示情况，结合招标项目的实际情况，确定中标人。定标决策应由招标方的决策机构或授权代表作出，并记录在案。

（5）中标通知书的发送。确定中标人后，招标方应向中标人发送中标通知书，通知书中应明确中标金额、合同条款、合同签订时间等关键信息。中标通知书的发送应符合相关法律法规的要求，确保合法有效。

（6）合同签订。中标人收到中标通知书后，应在规定的时间内与招标方签订合同。合同内容应与招标文件和中标通知书一致，确保合同的合法性和可执行性。

（7）合同备案。合同签订后，招标方应将合同文本及相关文件提交相关部门备案。备案是确保合同合法性和可追溯性的重要环节。

（8）公告发布。合同签订并备案后，招标方应发布公告，正式宣布中标结果。公告内容应包括中标人名称、中标金额、合同签订时间等信息，确保透明度和公开性。

（9）后续监督和管理。合同签订后，招标方应加强对中标项目的监督和管理，确保项目按合同要求顺利实施。对于中标人违反合同约定的行为，招标方有权采取相应的法律措施。

（10）档案管理。招标方应妥善保存定标过程中的所有文件和资料，包括评标报告、公示材料、中标通知书、合同文本等。档案管理应符合相关法律法规的要求，确保资料的完整性和可追溯性。

第三节　公路工程项目的施工合同与合同管理

公路工程合同是一个较为复杂和庞大的体系，业主和承包商签订的合同是"核心合同"，业主居于合同主体的"核心位置"。"公路工程具有技术繁杂、工期长、投入量大等特征，为切实提升工程建设效益，控制工程成本浪费问题出现，需要在工程管理期间，加强合同管控力度，细致分析工程合同在成本控制工作中的重要作用，在保障工程建设质量的前提下，增强工程经济效益。"[①]公路工程合同管理是指合同相关方以现行法律法规和合同文件为依据，本着公正、公开、公平和诚实信用的原则，运用科学理论和现代科学技术依法进行合同订立、履行、变更、索赔、解除、终止以及审查、监督、控制等一系列行为的总称。通过合同管理，业主可以实现"五控两管"，承包商可以实现经营目标和经营战略，监理可以促进业主和承包商目标的实现，监管部门可以维护市场经济秩序。因此，公路工程合同管理是项目管理的核心。

公路工程施工合同即承包合同是业主与承包商为完成约定的公路工程项目施工，确定双方权利和义务的协议。它是公路工程合同体系中的"核心合同"。因此，无论是订立的要求、程序和内容，都较其他公路工程合同更严格、规范和复杂。

一、公路工程施工合同订立与履行

（一）合同订立的条件
第一，项目已列入公路建设年度计划。
第二，施工图设计文件已经完成并经审批同意。
第三，建设资金已经落实，并经交通主管部门审计。
第四，征地手续已办理，拆迁基本完成。
第五，监理单位已依法确定，招标项目的中标通知书已下达。
第六，已办理质量监督手续，已落实保证质量和安全的措施。

---

① 于立华．公路工程合同管理在建设单位项目成本管理中的作用 [J]. 价值工程，2020，39（31）：41-42.

（二）合同主体的资格要求

1. 业主资格要求

（1）具备法人资格。

（2）具有与工程规模相适应的经济能力。

（3）具有相应的技术和管理能力、经济技术管理人员和相应机构。

（4）具备编制招标文件、编制标底、组织开标、评标的能力。

其中，（1）（2）项条件必须具备；（3）（4）项条件不具备的，应委托具有相应资格、能力的单位代理。

2. 承包商资格要求

（1）具备有效的法人资格和法律法规规定的或业主要求达到的有效资质条件。

（2）具备按规定编制投标文件的能力（项目采用招标时）。

（3）具备实施项目的技术、经济、管理能力及相应符合要求的人员。

（4）具备承担项目风险责任的能力。

（5）具有良好的信誉。

（三）订立合同的程序和形式

第一，订立的程序。根据法律、法规的要求，公路工程施工合同的订立有直接发包和招标发包两种方式。采用直接发包的，至少要经过要约和承诺两个阶段；采用招标发包的，至少要经过要约邀请（招标）、要约（投标）和承诺（定标）3个阶段。

第二，招标项目施工合同订立的特殊要求。采用招标方式的项目，施工合同应在中标通知书发出后28天内或招标文件约定的天数内依据招标文件、投标书等签订。签订时，承包商必须按要求提交履约担保。签订合同的承包商必须是依法中标的单位，合同价必须与中标价一致，不能修改招标文件和投标文件的实质性内容。如果中标单位不在规定时间内签订或拒绝签订合同，其中标无效并没收其投标保证金。

第三，合同订立的形式。公路工程施工合同属于双务、有偿和要式合同。因此，合同签订的形式必须是书面的。

（四）施工合同的种类及特点

公路工程施工合同按计价方式的不同，可以分为总价合同、单价合同、成本加酬金合同等，每种合同都有各自的特点。

1. 总价合同

总价合同是指在约定的风险范围内承包总价不变的合同。

（1）总价合同的优点。合同文件简单，易于控制总价，易于计量，施工图必须详细、全面，业主管理难度小且成本低。

（2）总价合同的缺点。风险分担不合理，业主承担的风险小，承包商承担的风险大。

（3）适用范围。简单且工程量小、工期短、技术不复杂、风险不大、工期较紧、监理不到位的项目。

2. 单价合同

单价合同是指在约定的风险范围内承包单价不变的合同，是公路工程合同范本规定采用的合同类型。

（1）单价合同的优点。风险分担相对合理，有利于承包商提高工效。

（2）单价合同的缺点。计量复杂（需要双方认可的技术规范、计量规则）、管理难度大且成本高。

（3）适用范围。适用范围广，特别适用于业主管理完善、监理到位、工程不确定性较大的项目。

3. 成本加酬金合同

成本加酬金合同是指按施工实际制造成本加上商定的总管理费和利润进行最终结算的合同。

（1）成本加酬金合同的优点。合同签订周期短，承包商基本不承担风险。

（2）成本加酬金合同的缺点。承包商获利小，不利于调动承包商提高工效和降低成本的积极性，容易引发工程纠纷。

（3）适用范围：需要立即开工的（如自然灾害破坏的工程）、新型的、项目内容不明确的、风险很大的项目。

4. 其他合同类型

单价合同与总价合同相结合的混合式合同在公路工程中采用也很普遍。例如，公路工程工程量清单项目大部分工程细目是单价项目，也有部分项目总价项目，还有不同加成方式的成本加酬金合同。

由于不同的合同类型风险不同，管理的模式也不同，因此合同类型的选择很重要，在签订合同时一定要慎重选择。

（五）施工合同的履行

1. 业主的合同履行

（1）严格按照施工合同的规定，履行业主应尽义务。业主履行合同是承包商履行合同的基础。因为业主的很多合同义务都是为承包商施工创造先决条件，如征地拆迁、"三杆迁移""三通一平"、原始测量数据、施工图纸等。

（2）按合同规定行使工期控制权、质量检验权、工程计量权、工程款支付权，确保工程目标的实现。

（3）按合同约定行使工程交工、竣工验收权和履行工程款支付、竣工结算义务。

2. 承包商的合同履行

（1）履行施工合同中的各项义务。在施工过程中，承包商必须通过投入足够的资源，建立精干高效的组织机构和完善的制度体系（特别是质保和安检体系），采用先进、合理、经济的施工方案和技术，精心组织、科学管理，确保如期、保质、保量完成各项施工任务。

（2）通过合理的工程变更与索赔，维护自己的合法权益，实现预期经营目标和战略。

二、公路工程项目施工合同的管理

（一）业主的合同管理

（1）做好招标文件的编制工作。公路工程项目目前大部分都采用招标制，因此，编制好招标文件十分重要：①确定合同条件是采用（参照）标准文件还是自行编制，目前交通运输部要求达到规定标准的项目（二级及以上公路工程）应当使用《公路工程标准施工招标文件》（2018年版）作为合同条件；②合理确定重要合同条款，如付款条件和方式、价格调整的范围、方式和条件，合同风险分担的划分，有关激励和工程控制权的确定条款；③资格审查的内容和方式；④标底的确定和评定标方法的选择等。

（2）全面履行合同义务，正确行使合同权利，确保工程目标的实现。在公路工程合同体系中，业主居于"核心位置"，处于"强势地位"。因此，业主要想顺利实现工程目标，自己必须全面履行合同义务，为承包商创造良好的施工条件和环境；同时，业主也要正确运用合同赋予的权利，维护自身的权益和制约承包商、监理的行为，保证工程目标的实现。

（3）做好档案管理工作。公路工程的特点决定了公路工程档案资料的复杂性、多样性和重要性，因此必须做好档案管理工作。①建立档案管理制度和机构；②制订标准格式，要求承包商和监理工程师按规定格式报送资料；③及时整理、归档资料，按要求移交档案资料。

（4）利用项目管理软件进行合同管理。如利用工程项目集成管理系统等管理软件可以完成工程项目合同管理的各种任务。

（二）承包商的合同管理

（1）认真编制投标文件。投标文件是合同文件的重要组成部分，也是投标人在施工阶段能否实现经营目标的重要基础。①确定投标方式，如采用联合投标还是单独投标。②确定投标策略。根据掌握的信息，利用"五因素分析法"或定量分析法进行认真、充分分析论证后决定是投保险标，还是投风险标；常规价格标，还是高价标或低价标。③确定报价策略。在遵循投标报价"三原则"的前提下，根据具体评标办法采用相应的报价策略，特别注意不平衡报价技巧的灵活、适度运用。④认真做好招标文件及合同条件的审查工作，全面、实质性响应招标文件。

（2）切实履行合同义务，有理、有利、有节地维护自身权益。公路工程施工合同是公路工程合同体系中的"核心合同"，对工程项目"五控"目标的实现至关重要。因此，承包商必须全面、适当履行合同义务，否则不仅不能实现预期目标，还有可能导致业主的反索赔，甚至被解除合同。承包商在履行合同义务时，也要注意采用恰当的方式维护自身的权益，如提出合理的工程变更要求、提出正当的索赔要求等。

（3）建立完整的合同管理制度。公路工程合同的复杂性和经济性决定了合同潜在的风险较大，为了规避、化解风险，承包商必须建立完整的合同管理制度，使施工合同的谈判、签订、履行等各环节实现科学化、规范化、程序化、模块化。具体来讲，应建立和完善合同管理制度，包括：①合同管理相关部门的部门职责和工作岗位制度；②合同管理的授权和内部会签制度；③合同审查批准制度；④印鉴及证书管理使用制度；⑤合同管理绩效考核制度；⑥合同档案管理制度。

（4）利用合同管理软件进行合同管理。如利用施工企业集成管理系统等管理软件进行合同管理，能够轻松完成合同基本信息的维护、合同执行过程的监管、计量与支付管理、工程变更与索赔管理、生成合同台账、分包商的管理、合同查询及档案管理等合同管理任务。

第五章　公路工程路基路面的养护管理工作

随着公路使用年限的增长，路基与路面的性能逐渐退化，直接影响行车安全与通行效率。本章首先阐述路基养护管理的关键技术与方法，旨在恢复并提升路基的承载能力；随后，针对沥青路面与水泥混凝土路面，分别介绍其特有的养护管理措施，以延长路面使用寿命、减少维护成本。本章研究对于提升公路养护管理水平、优化资源配置具有重要意义。

第一节　公路工程中路基的养护管理

一、公路路基养护的内容与要求

路基是公路的主要结构物，是路面的基础，与路面共同承受车辆荷载。路基的强度和稳定性是保证路面结构稳定、路用性能良好的基本条件。"路基施工是道路桥梁施工中的一个重要组成部分，路基施工技术的关键在于压实和碾压工作，在具体施工过程中，一定要结合国家关于道路施工的标准和规范，选用适宜的施工设备对路基进行压实。在压实路基时，应该考虑桥头跳车情况发生的可能性，并做好必要的预防措施。"[①] 为了保证公路的正常使用品质，必须采取有效措施对其进行养护和维修，以防止发生过大的变形和其他病害，尽可能保证路基良好的技术状况，避免发生严重的病害。

（一）路基养护的内容

为了保证路基的坚实和稳定，保证排水性能良好，使各部分尺寸和坡度符合规定，及时消除不稳定因素，并尽可能地提高路基的技术状况，必须对路基进行及时、经常性的养护、维修与改善。路基养护工作的主要内容包括以下三点。

（1）路基养护应包括日常养护和养护工程。日常养护应包括日常巡查、日常保养和日常维修；养护工程应包括预防养护、修复养护、专项养护和应急养护。

（2）路基养护工作对象应包括公路用地范围内的路肩、路堤与路床、边坡、既有防护及支挡结构物、排水设施、特殊路基等。

（3）路基养护工作内容应包括路况调查与评定、养护决策、日常养护、养护工程设计、养护工程施工、养护工程质量验收、跟踪观测和技术管理。

路基养护工作应结合公路信息化建设，建立健全路基管理系统，并及时更新路基基础

---

① 王胤，常文华，李智龙.公路工程施工与管理 [M].长春：吉林科学技术出版社，2020：2.

资料、检测评定与定点监测数据、安全性评估结果等信息。定期进行路基病害调查、技术状况检测与评定，并对存在较大病害隐患路基的安全性进行评估，编制路基养护规划与年度计划。路基日常维修、预防养护、修复养护和专项养护应加强质量管理，严格施工过程质量控制，落实日常养护考核和养护工程验收制度，同时进行跟踪观测，综合评判实施效果，并做好技术总结。

路基养护作业安全需要按有关规定布置作业控制区，布设交通安全设施，加强现场养护作业管理，制定并严格执行安全技术措施与操作规程，落实养护作业文明施工制度，保障养护作业与车辆运行安全。

1. 路基预防养护

目前，公路路基大多采用被动治理的养护方式，一般是在路基出现严重病害，甚至发生灾害后才进行加固维修。路基预防养护的目的主要是防止病害快速发展，延长路基的使用寿命，提高养护投资效益，保障路基安全。

贯彻路基预防养护理念，遵循"预防为主、主动施策"的原则。对路基存在病害隐患的路段应实施定点观测或监测，定点观测或监测分别是采用人工或仪器设备定点采集路基病害发展相关数据。通过及时分析采集的数据，预测病害发展趋势，并根据定点观测或监测结果，确定预防养护时机。在确定预防养护时机的基础上，根据路基病害隐患特点及发展趋势等，确定预防养护措施，为维修加固决策及方案制定提供支持。

2. 路基修复养护

应及时对路基病害进行维修加固，实施修复养护工程。对路基修复养护工程进行一阶段设计或两阶段设计（初步设计和施工图设计）。

3. 路基应急养护

突发性灾害是指恶劣气候引起的滑坡、塌方、垮塌、水毁等地质灾害。抢通保通是为尽快恢复交通采取应急抢险措施，并在灾后修复养护工程完成前，及时抢修，保障通畅。灾后修复养护是为全面恢复交通，对损毁路基进行的恢复处治工程。

应遵循快速反应、有效抢险、及时处治、保障安全的原则，制定路基应急抢险预案，建立应急抢险工作机制，合理配备应急抢险队伍、设备、物资等。对存在重大病害隐患的路基，应加强监测，及时预警，并增设相应的交通安全警示标志。对影响交通安全的突发性灾害路段，应启动应急预案，及时开展应急抢通、保通和抢修工作，安排灾后修复养护工程。实施应急养护时，应设置交通安全设施；需中断交通的，应合理采取分流措施。应急抢通、保通和抢修工程的先期临时方案，应与后期修复养护工程方案相结合。

（二）路基养护的要求

路基养护的基本要求是通过日常和定期的检查，发现问题、分析原因，采取适当的养护及修理措施。路基养护的基本要求如下。

（1）路肩。表面密实平整、清洁、无杂物、无杂草；宽度符合设计要求，边缘顺直、无缺损；横坡符合设计要求，与路面衔接平顺，不阻挡路面排水；路缘石完好、无缺损。

（2）路堤与路床。无明显不均匀沉陷；无开裂滑移；无冻胀、无翻浆。

（3）边坡。坡面平整，无冲沟、无松散、无杂物；坡度符合设计要求；边坡稳定。

（4）防护支挡结构物。无沉陷、无开裂、无移位，沉降缝、伸缩缝完好；表面平整、无脱空；排水孔无堵塞、无损坏，包括挡墙、护坡及防冲刷、防雪、防砂设施等。

（5）排水设施。无杂物、无淤塞、无冲刷；纵坡适度、排水畅通；进出口状况完好、无积水，包括边沟、截水沟、排水沟及暗沟等。

在养护工作中，要特别注意保持路基排水系统处于完好状态，这是因为水能造成多种路基病害。在各种养护作业中，要保证养护工程质量，并及时总结治理路基失稳成功或失败的经验，针对具体路段，制定出切实有效的预防和维修措施，使日常养护、维修工作系统化、规范化，以逐步提高管养水平。

二、公路路基的日常养护

路基日常养护应编制年度计划，并根据养护质量要求及路基状况调查结果确定日常养护工作内容。路基日常养护应及时做好工作记录，包括作业时间、作业内容、作业人员、完成的工作量等内容，提倡和鼓励使用机械设备开展养护作业，提升路基日常养护机械化水平。

（一）日常巡查

在公路养护日常巡查工作制度中明确路基日常巡查工作内容。路基的日常巡查可分为一般巡查和专项巡查。

1.一般巡查

路基的一般巡查频率每周不宜少于1次，遇特殊气候、突发灾害等情况，应适当增加巡查频率。一般巡查可用目测方式，也可用目测与量测相结合的方式，应包括下列主要工作内容。

（1）检查路肩是否存在缺损、阻挡排水，是否存在杂草、杂物。

（2）检查路堤是否存在杂物堆积，是否存在沉陷、冻胀翻浆。

（3）目测边坡是否存在冲刷、缺口，坡面是否存在杂草、杂物，坡体是否存在松动、碎落崩塌、局部坍塌。

（4）检查既有防护及支挡结构物是否存在表面破损、勾缝脱落、杂草、杂物，是否存在排（泄）水孔堵塞，是否存在局部损坏。

（5）查看排水设施是否存在堵塞、破损等。

2.专项巡查

路基的专项巡查应当聚焦于高边坡、既有防护及支挡结构物、排水设施等关键部位的病害情况，通过实地察看与精确量测，详细记录巡查结果，并确保所有操作符合既定规范。具体规定包括：路基的专项巡查应在每年度公路网级路基技术状况调查的基础上，至少每半年执行 1 次全面巡查。对于最近一次路基技术状况指数（SCI）或任一分项指标被评定为"次"或"差"等级的路段，应加大巡查力度，确保每月至少进行 1 次专项巡查，以便及时发现并处理潜在问题。

路基专项巡查的核心工作内容涵盖以下方面。

（1）边坡巡查。应仔细检查边坡坡顶和坡面，重点观察是否存在裂缝及其发展情况，评估裂缝是否可能扩大或引发进一步损害。同时，注意边坡坡面是否出现岩体风化松散、局部坍塌或滑坡迹象，确保及时发现并采取措施防止灾害发生。

（2）防护及支挡结构物检查。对既有防护及支挡结构物进行全面检查，观察其是否存在结构变形、滑移、开裂等现象，这些现象可能表明结构物已受损或即将失效。此外，还需检查结构物的基础部分，确认是否存在积水、冲刷、空洞等问题，这些问题可能严重影响结构物的稳定性和安全性。

（3）排水设施评估。排水设施对于保持路基稳定至关重要。巡查时应检查排水设施是否运行通畅、有效，能否及时排除积水。同时，还需注意排水设施是否损坏或不完善，及时修复和完善排水系统，防止因排水不畅导致的路基病害。

（二）日常保养

路基日常保养，应包括下列主要工作内容。

第一，整理路肩，修剪路肩杂草，清除路肩杂物。

第二，整理坡面，缺口培土，修剪坡面杂草，清除坡面杂物。

第三，清除护坡、支挡结构物上的杂物，疏通排（泄）水孔。

第四，清理绿化平台、碎落台上的杂物。

第五，疏通边沟、截水沟、集水井、泄水槽等排水设施。

第六，修整中央分隔带路缘石，清除杂物、杂草，清理排水通道。

（三）日常维修

根据路基技术状况评定与日常巡查记录结果，按月度或季度编制日常维修工作计划。日常维修应包括下列主要工作内容。

第一，修补路基缺口，整修路缘石，修整路肩坡度，处理路肩的轻微病害。

第二，清理边坡零星塌方，修补坡面冲沟，修理砌石护坡、防护网、绿植等坡面防护工程的局部损坏。

第三，修理既有防护及支挡结构物的表观破损和轻微的局部损坏。

第四，整修绿化平台、碎落台。

第五，局部开挖边沟、截水沟等，铺砌、修复排水设施等。

三、公路路基排水设施的养护

在春融季节，特别是汛期来临之前，对排水设施进行全面而细致的检查与疏浚工作至关重要。此过程需及时清除堵塞物，确保水流顺畅，从而保证排水设施的功能完整性和排水效率。暴雨过后，应再次进行重点检查，针对可能出现的冲刷、损坏等问题，迅速进行维修与加固，以防患于未然。

在构建排水体系时，需充分考虑实际情况，确保路基排水设施与路面、桥隧等排水设施之间衔接紧密，形成一套完善且高效的排水网络。若现有排水设施无法满足使用需求，应及时评估并增设相应设施，以提升整体排水能力。

在设置排水设施时，必须兼顾排水效率与行车安全。边沟的横断面设计可灵活采用三角形、浅碟形、梯形或矩形等多种形式，以适应不同地形与排水需求。对于穿越村镇、弯道、路堑边坡等特殊路段，排水沟应设置盖板以保护行人及车辆安全；而在其他宽深边沟路段，可增设护栏、示警桩等设施，以进一步提升道路安全性。同时，在保证边沟排水功能的前提下，可通过改进断面形式、增设盖板等措施，来增强路侧的安全性。

对于沿河路段，应特别增设导水、拦水设施，以有效减小河水对路基的潜在影响。在路面水易集中冲刷边坡的路段，可增设集中排水设施，如截水沟、急流槽等，以引导水流远离边坡。针对低填、浅挖路基以及排水困难的地段，应采取综合排水措施，即防、排、截相结合，通过拦截进入路界的地表水、排除路基内的自由水，来全面保障路基的稳定与安全。

（一）地表排水设施

地表排水设施包括边沟、截水沟、排水沟、涵洞、跌水、急流槽、蒸发池、油水分离池、检查井、排水泵站等。对于各类地表排水沟渠，应保证设计断面形状、尺寸和纵坡满足排水要求。沟内有淤积、沟壁损坏、边坡松散滑塌，造成沟渠断面形状改变时，应及时清淤和修复。

对边沟、截水沟、排水沟等进行冲刷防护、防渗加固时，应符合以下规定。

（1）土质边沟受水流冲刷造成纵坡大于 3% 时，宜采用混凝土、浆砌或干砌片（块）石铺砌；冰冻较轻地区可采用稳定土加固。边沟连续长度过长时，宜分段设置横向排水沟将水流引离路基，其分段长度在一般地区不超过 500 m，在多雨地区不超过 300 m。

（2）对于滑坡、膨胀土、高液限土、湿陷性黄土地段，截水沟、边沟、排水沟等产生渗漏时，应采取铺设防渗土工布、浆砌石等防渗措施。

（3）雨季前，应及时清理盖板边沟、更换破损的盖板，盖板设置不得影响路面的排水功能。

（4）对于地下水丰富路段，由于路面加铺导致边沟加深时，应保证原沟底高程不变。

跌水和急流槽病害处治，应符合规定：①进出口冲刷现象严重时，进水口应进行防护加固，出水口应进行加固或设置消力池；②基底不稳定时，急流槽底可设置防滑平台，或设置凸榫嵌入基底中；③急流槽较长时，应分段铺砌，且每段长度不宜超过 10 m，连接处应用防水材料填塞，密实无空隙。

泄水槽损坏时应及时修复，防止水集中冲刷涵洞。对于超高路段，排水设施应及时疏通，避免水下渗至路基。蒸发池的隔离栅或安全警示牌出现缺失或破损时，应及时修复。积雪融化造成的蒸发池积水应及时排出。油水分离池、检查井出入口出现淤塞时，应及时进行清掏。安全警示设施缺失时，应及时补设。应定期检查维修排水泵站，及时排除设备故障。检查维修时，应采取相应措施，保证维修作业人员的安全。

（二）地下排水设施

地下排水设施包括排水暗管、渗沟、渗井、渗水隧洞等，当发现排水口的流量变化有异常，或路面出现裂缝或凹凸时，需要及时检查地下排水设施，发现破坏需要进行维修或重修。

对排水暗管进行疏通、改建时，应符合规定：①暗管堵塞时，宜采用刮擦法、冲洗法、真空吸附法等方法进行疏通；②应定期清除暗管排水进出口杂草和淤积物，应盖严检查井和竖井式暗管门，发现损坏或丢失应及时换补；③暗管排水量达不到排水要求时，应进行改建，暗管的直径应根据排水量确定；④边沟排水暗管由于边坡位移等原因发生变形开裂时，应及时采取加固或更换措施；⑤反滤层和顶部封闭层失效时，应及时翻修。

渗井、渗水隧洞病害处治，应符合规定：①应加强渗井、渗水隧洞出水口的除草、清淤和坑洼填平等工作，寒冷地区保温设施失效时，应及时更换或维修；②渗井周围路基发生渗漏时，应进行防渗处理，井内的淤泥应及时清除，发现渗井设置不合理或功能失效时，应及时改造；③宜对渗水隧洞内部进行人工检查，及时排除淤堵，保证排水畅通。

第二节　公路工程沥青路面的养护管理

一、沥青路面养护的内容与要求

（一）沥青路面养护的内容

沥青路面养护分为日常养护和养护工程。

日常养护包括日常巡查、日常保养和日常维修。养护工程包括预防养护、修复养护、专项养护和应急养护。预防养护即沥青路面整体性能良好但存在病害隐患或有轻微病害，为延缓路面性能过快衰减、延长使用寿命而预先采取养护工程。修复养护即沥青路面出现明显病害或者部分丧失服务功能，为恢复路面技术状况而进行的功能性或结构性修复养护工程。专项养护即为恢复、保持或提升沥青路面服务功能而集中实施的路面改造、局部加宽、专项处治、灾后恢复等养护工程。应急养护即突发情况下造成沥青路面损毁、中断、产生重大安全隐患等，为较快恢复路面安全通行能力而实施的应急性抢通、保通和抢修养护工程。

（二）沥青路面养护的要求

第一，沥青路面养护工作内容包括路况调查与评价、养护决策、日常养护、养护工程设计、养护工程施工、养护工程质量验收、跟踪观测和技术管理。

第二，沥青路面路况调查与评价包括损坏调查、技术状况检测和技术状况评价，应定期进行技术状况检测与评价，及时更新公路路面技术状况数据信息。

第三，公路网级沥青路面技术状况指数（PQI）应满足表 5-1 的要求[①]。公路网级沥青路面技术状况指数不满足表 5-1 的要求时，应合理安排养护计划，并采取综合养护措施，达到沥青路面技术状况要求。

表 5-1　公路网级沥青路面技术状况

路况指标	高速公路	一级及二级公路	三级及四级公路
PQI	≥ 90	≥ 85	≥ 80

第四，每个基本单元沥青路面技术状况指数（PQI）及其分项指标应满足表 5-2 的要求。每个基本单元沥青路面技术状况指数（PQI）及其分项指标不满足表 5-2 的要求时，应安排日常维修、养护工程或改扩建工程，恢复沥青路面技术状况。

表 5-2　每个基本单元沥青路面技术状况

路况指标	高速公路	一级及二级公路	三级及四级公路
PQI	≥ 80	≥ 75	≥ 70
PCI	≥ 80	≥ 75	≥ 70
RQI	≥ 80	≥ 75	≥ 70
RDI	≥ 75	≥ 70	—
SRI	≥ 75	≥ 70	—

注：PCI，路面损坏状况指数；RQI 路面行驶质量指数；RDI，路面车辙深度指标；SRI，路面抗滑性能指数。

① 本节图表引自周爱成，马运朝.公路养护与管理[M].重庆：重庆大学出版社，2022：39-64.

二、沥青路面的日常养护

(一)日常巡查

日常巡查工作旨在全面检查沥青路面的健康状况,重点关注路面病害的识别与评估。同时,巡查还需密切关注可能诱发路面病害或影响道路通行的各类外部因素,包括但不限于积水、积雪、积冰、污染物、散落物以及路障等。

在沥青路面病害检查方面,巡查人员需具备专业的知识和经验,能够准确识别如裂缝、坑槽、车辙、松散、拥包、泛油等常见病害,并评估其严重程度及潜在影响。对于发现的病害问题,应及时记录并上报,以便后续采取相应的维修与养护措施。

此外,巡查还需特别留意道路上的积水、积雪、积冰情况,这些因素不仅直接影响行车安全,还可能加剧路面病害的发展。因此,一旦发现此类问题,应立即采取措施进行清理或设置警示标志,确保道路通行安全。

同时,巡查过程中还需注意检查道路上的污染物、散落物及路障等。这些障碍物不仅可能对车辆造成损害,还可能引发交通事故。因此,巡查人员需及时清理或移除这些障碍物,并设置必要的警示标志,以提醒过往车辆注意避让。

(二)日常保养

日常保养是维护道路设施良好状态的重要环节,其主要工作内容涵盖以下四个方面:

(1)清除路面泥土杂物、污染物及散落物。这一步骤至关重要,旨在保持路面的清洁与平整,减少因杂物堆积而导致的安全隐患和路面磨损。通过定期清扫,可以有效防止杂物对车辆行驶的影响,并延长路面的使用寿命。

(2)排除路面积水,疏通路面排水系统。积水不仅影响行车安全,还可能对路面结构造成损害。因此,及时排除积水,确保排水系统畅通无阻,是保障道路正常运行的关键措施之一。这包括检查并清理排水口、排水沟等排水设施,防止堵塞现象的发生。

(3)清除路面积雪、积冰、积沙等。在冬季或特殊天气条件下,积雪、积冰和积沙会对道路通行造成严重影响。因此,及时采取除雪、除冰、除沙等措施,恢复道路的正常通行能力,是日常保养工作的重要内容之一。这要求相关人员具备专业的技能和设备,确保作业过程的安全和高效。

(4)实施路面夏季洒水降温作业。在高温季节,路面温度会显著升高,对车辆行驶和路面结构都会造成不利影响。通过洒水降温作业,可以有效降低路面温度,改善行车条件,并减少因高温导致的路面病害。这一措施需要根据当地气候条件和路面状况进行合理安排,确保洒水作业的效果和效益。

(三)日常维修

对沥青路面进行的日常维修,包括清扫路面、绿化及处理路面上的裂缝、变形、坑槽、泛油等局部病害。

1. 裂缝处理

（1）裂缝不开槽处理方法。针对沥青路面上出现的轻微裂缝，可采用不开槽直接灌注沥青的方式进行处理。对于缝宽在 5 mm 以内的裂缝，首要步骤是彻底清除缝中的杂物及灰尘，随后将适当稠度的热沥青灌入缝内，灌入深度应达到缝深的约 2/3。之后，需填入干净的石屑或粗砂并捣实，最后清理掉溢出缝外的沥青、石屑及砂粒。对于缝宽超过 5 mm 的裂缝，则需先剔除已松动的裂缝边缘，再采用热拌沥青混合料填充缝中并捣实。若缝内潮湿，可考虑使用乳化沥青混合料进行处理。

（2）裂缝开槽处理方法。

第一，开槽。将开槽机的锯片调整至适宜高度，确保切入路面的深度为 1.5 ～ 2 cm。开槽作业应严格沿裂缝走向进行，确保槽口形状规整，以提高后续处理的效果。

第二，清槽。开槽并扩缝后，需进行彻底的清缝处理。此过程可借助鼓风机配合钢丝刷等工具，将槽口内的灰尘、松散碎料等杂物彻底清除干净，以提升密封材料与槽口之间的黏结力。

第三，备料。在灌胶前，需将密封胶加热至适宜温度，通常控制在 200 ～ 210 ℃，而出料温度则应高于 180 ℃。温度过高或过低均可能影响密封胶的性能，从而影响处理效果。

第四，灌胶。在灌胶过程中，需控制好灌缝机的走向，确保胶体均匀灌入槽内。初次灌胶后，应等待约 5 min，让胶体初步固化，随后再进行一次找平灌缝操作，使裂缝表面形成一层坚实的 T 形密封层。此外，还需根据季节温度变化调整灌入胶体的高度。在气温较高的季节，胶体应略高于路面 0.5 ～ 1 mm；而在气温较低的季节，则应略低于路面 0.5 ～ 1 mm，以确保密封效果持久稳定。

2. 坑槽处理

按照"圆洞方补，斜洞正补"的原则，画出所需修补坑槽的轮廓线，然后用切割机将坑槽范围内的油层剔除，视基层破损情况，若基层没有破损但存在裂缝，则先将基层表面清理干净，然后均匀涂刷一层乳化沥青，最后用粗粒式沥青混凝土找补至老路顶标高；若基层有破损，将破碎部分剔除，用人工、高压空压机清理干净，如基层潮湿应晾干后进行施工，然后用粗粒式沥青混凝土将破损部分补齐，进行夯实。沥青铺筑时，应调整好松铺系数，确保碾压密实后的沥青混凝土应略高于老路面，边角要单独压实，并做防水处理。

3. 车辙处理

针对局部车辙的处治，可采取多种有效方法。首先，微表处填充是一种常用手段，通过精细的表层处理来填平车辙，恢复路面平整。此外，对于伴随坑槽等病害的车辙区域，可采用综合热修补技术，即现场对病害区域进行加热、耙松处理，随后补充新料并进行压实，以达到修复目的。另外，局部铣刨重铺也是一种有效措施，通过彻底清除受损部分并重新铺设新材料，从根本上解决车辙问题。

对于桥头及涵洞两侧路基因不均匀沉降引起的局部路面沉陷，处理方案需根据沉陷量大小及基层破损情况具体制定。对于沉陷量较小的路段，若基层无明显变形，可采用沥青混凝土进行找平处理，使其达到原路面标高，恢复行车平稳性。而对于沉陷量较大的路段，由于基层变形较为显著，需先彻底剔除受损的油层和基层，随后铺设 5 cm 厚的 C15 水泥混凝土作为稳固层，再在其上加铺 6 cm 厚的沥青混凝土，以达到原路面标高，并确保修复后的路面结构强度和耐久性。

4. 拥包处理

在处理路面拥包问题时，我们需根据拥包的大小采取相应的措施。对于微小的拥包，首先应采用机械铣刨或人工挖除的方法，将拥包彻底清除。若清除拥包后，路面平整度仍不满足要求，则需进一步采取处治措施，如局部找平或整体修复，以确保路面平整度达标。

对于较大的拥包，处理过程需更为细致。首先，应使用机械或人工方式将拥包全部除去，并在处理过程中注意控制深度，使处理后的路面表面降低约 10 mm，以确保新铺设的面层能够与周围路面良好衔接。随后，需彻底清扫处理区域，扫尽碎屑、杂物及粉尘，保持路面清洁。最后，采用热沥青混合料重新铺设面层，确保修复后的路面与原有路面在材料、结构和性能上保持一致，从而达到恢复路面平整度和延长使用寿命的目的。

在整个处理过程中，应严格遵守相关施工规范和质量标准，确保施工质量和安全。同时，还需注意施工过程中的环境保护和交通疏导工作，以减少对周围环境和交通的影响。

5. 麻面与松散处理

针对路面因嵌缝料散失而出现的轻微麻面现象，若沥青面层并未出现贫油情况，可采取以下措施进行修复：在高温季节，适量撒布嵌缝料，并利用扫帚均匀扫布，确保嵌缝料充分填充至石料间的空隙中，以此恢复路面的平整与密实性。

对于大面积麻面的处理，则需采用更为细致的方法。首先，喷洒稠度较高的沥青，以加强路面材料的黏结性；随后，撒布适当粒径的嵌缝料，特别注意要使麻面部分中部的嵌缝料略厚，而周围与原路面的接口处则应稍薄，以保证修复后的路面平整且与原路面良好衔接；最后，进行碾压成型，确保修复层的密实与稳定。

对于因油温过高导致沥青老化、失去黏结性而造成的路面松散问题，处理时需更为彻底。应将松散部分全部挖除，清除所有受损材料，直至露出坚实的基层或底基层；随后，按照规范的施工流程重新铺设面层，确保新铺设的面层材料质量合格、施工工艺得当，以恢复路面的整体强度和耐久性。

6. 泛油处理

针对路面出现的泛油现象，需根据泛油程度采取不同的处理措施。对于仅存在轻微泛油的路段，为了有效吸收多余的沥青并增强路面抗滑性能，可均匀撒布 3 ~ 5 mm 粒径的石屑或粗砂。随后，利用压路机进行充分碾压，或通过控制行车自然碾压，以确保石屑或粗砂与路面紧密结合，达到良好的修复效果。

对于泛油较为严重的路段，处理过程需更为细致。首先，应撒布 5 ~ 10 mm 粒径的碎石，这些碎石能够形成较大的接触面积，有助于更好地吸收和固定多余的沥青。随后，使用压路机对碎石进行初步碾压，以稳定碎石层。待碎石层稳定后，再撒布 3 ~ 5 mm 粒径的石屑或粗砂，以进一步填充空隙并增强路面表层的密实度和抗滑性。最后，同样采用压路机或控制行车进行碾压，确保所有材料紧密结合，形成平整、坚固的路面。

三、沥青路面的预防养护

沥青路面使用性能并非呈直线下降趋势。在初始使用阶段，其服务能力下降相对缓慢，然而，一旦损坏状况超出某一临界值，路面的服务能力便会迅速恶化，病害显著增加。若能在这一临界值达到之前及时采取预防养护措施，将有效遏制病害的进一步发展，使路面持续保持良好的服务状态，进而显著延长路面使用寿命，并减少后续的改正性养护需求。因此，沥青路面预防养护被定义为一项积极主动的路面维护策略，旨在预防病害发生、遏制轻微病害扩展、减缓路面使用性能的衰退速度，并提升整体服务功能。通过实施这些预防养护措施，能够针对路面的轻微病害进行及时修复，防止路面性能加速恶化，从而有效延长其使用寿命。

沥青路面预防养护应达成的具体效果包括：①封闭路面表面的细小裂缝与裂隙，显著提升路面的防水性能，防止水分渗透导致的进一步损害；②增强路面表面的稳定性，防止松散现象的发生，并有效延缓路面的老化过程；③通过提供新的表面磨耗层，提高路面的耐磨性能，增强其在交通荷载下的耐久性；④保持或提升路面的抗滑性能，确保行车安全，减少因湿滑或低附着力导致的交通事故风险。

目前，沥青路面主要预防养护措施包括雾封层、微表处、碎石封层、复合封层四种。

（一）雾封层

雾封层是在沥青面层上喷洒一层薄薄的、高渗透性的特殊沥青，以形成一层严密的防水层将路面封闭，起到隔水防渗、保护路面的作用，最大限度地减少路面的水破坏，增大路面集料间的黏结力，延长路面使用寿命。

1. 雾封层的主要功能

（1）具有良好的防水性，可以减少路面的水损害。

（2）具有良好的渗透性，可以填补路面细微裂缝和表面空隙。

（3）增强沥青表面层集料间的黏结力，起到沥青再生剂作用并可保护旧沥青路面。

（4）雾封后可使路面黑色化，能增加路面色彩对比度，增强驾驶员的视觉舒适度。

（5）对 0.3 mm 以下的裂缝起到自动愈合的作用。

（6）大幅提高道路的使用寿命和降低维护成本，雾封层能延迟病害 2 ～ 4 年出现，提高了道路的使用寿命。

2. 雾封层的适用范围

雾封层是适用范围较广的预防养护方式，主要用于轻度到中度细料损失或松散、路面渗水、沥青老化的沥青路面。沥青路面出现松散时，雾封层可有效解决，如老化麻面的密级配沥青混合料表面、碎石封层表面、开级配沥青混合料表面等。但当路面结构强度（弯沉）较差时，不适合采用雾封层技术进行养护，因此，确保路面结构性能良好是进行路面预防养护的前提条件。

雾封层适用的各等级公路路况水平宜符合表 5-3 的规定。

表 5-3　雾封层适用的各等级公路路况水平

路况指数	高速公路	一级及二级公路	三级及四级公路
PCI、RQI、RDI	≥ 93	≥ 90	≥ 85
SRI	≥ 80	≥ 80	—

3. 雾封层的养护时机

沥青路面大多数在使用的前 2 ～ 4 年老化速率较快，导致路表 1 cm 左右的沥青变脆，从而引起路表的早期裂缝、松散等破坏，路面出现早期水损害病害，因此沥青路面通车后 2 ～ 4 年后是进行雾封层养护的最佳时机。应根据路面典型结构性和功能性病害的调查、路面状况指数（PCI）、国际平整度指数（IRI）、构造深度、磨损状况等因素具体确定。

（二）微表处

微表处是指采用稀浆封层车将聚合物改性乳化沥青、粗细集料、填料、水和添加剂等按照设计配比拌和成稀浆混合料摊铺到原路面上，并很快开放交通、具有高抗滑和耐久性能的薄层。

微表处按矿料级配可分为 MS-2、MS-3 和 MS-4 三种类型，按性能可分为 A、B 两个等级。隧道路面、夜间施工及对性能有较高要求的路段宜采用 A 级微表处。

1. 微表处的原材料

（1）改性乳化沥青。采用慢裂快凝型阳离子聚合物改性乳化沥青，慢裂指乳化沥青的拌和时间长；快凝是指一旦完成拌和进行铺筑后要快速破乳成型；阳离子乳化沥青可以直接撒布，改性乳化沥青可以保证良好的黏聚力。

（2）矿料。微表处用矿料可以采用不同规格的粗细集料、矿粉等掺配而成。

（3）填料。微表处矿料中可以掺加矿粉、水泥、消石灰等填料。填料应干燥、疏松，无结团。矿粉的主要作用是改善矿料级配。水泥、消石灰等具有化学活性的填料的主要作用是调整稀浆混合料的可拌和时间、成浆状态和成型速度等。填料的掺加量必须通过混合料设计试验确定。

（4）添加剂。添加剂的主要作用是调节稀浆混合料可拌和时间、破乳速度、开放交通时间等施工性能，并在一定程度上改变混合料的路用性能。

2. 微表处的施工工艺

（1）施工基本要求。

第一，微表处施工、养生期内的气温应高于10 ℃。

第二，不得在雨天施工。施工中遇雨或者施工后混合料尚未成型就遇雨时，应在雨后将无法正常成型的材料铲除。严禁在过湿或积水的路面上进行微表处施工。

第三，原路面必须有足够的结构强度；原路面15 mm以下的车辙可直接进行微表处罩面。若存在病害，要提前处理。

（2）施工注意事项。

第一，微表处，应按步骤施工：①彻底清除原路面的泥土、杂物等，检查路面病害处理情况；②施画导线，以保证摊铺车顺直行驶，有路缘石、车道线等作为参照物的，可不施画导线；③摊铺车摊铺混合料，摊铺厚度根据设计分别为6 mm或10 mm；④手工修复局部施工缺陷；⑤初期养护；⑥开放交通。

第二，根据施工路段的路幅宽度调整摊铺槽宽度，应尽量减少纵向接缝数量。在可能的情况下，宜使纵向接缝位于车道附近。

第三，将符合要求的各种材料装入摊铺车内。

第四，将装好料的摊铺车开至施工起点，对准控制线，放下摊铺槽，调整摊铺槽使其周边与原路面贴紧。

第五，按生产配合比和现场矿料含水量情况，依次调整或同时按配合比输出矿料、填料、水、添加剂和乳液，进行拌和。

第六，拌好的混合料流入摊铺槽并分布在摊铺槽适量时，开动摊铺车匀速前进，需要时可打开摊铺车下边的喷水管，喷水湿润路面。

第七，摊铺速度以保持混合料摊铺量与搅拌量基本一致为准。微表处施工时，保持摊铺槽中混合料的体积为摊铺槽容积的1/2左右。

第八，稀浆混合料摊铺后的局部缺陷，应及时使用橡胶耙等工具人工找平。找平的重点是：个别超粒径粗集料产生的纵向刮痕，横、纵接缝等。

第九，当摊铺车内任何一种材料快用完时，应立即关闭所有输送材料的控制开关，让搅拌器中的混合料搅拌完，并送入摊铺槽摊铺完毕后，摊铺车停止前进，提起摊铺槽，将摊铺车移出摊铺点，清洗摊铺槽。施工中不得随意抛掷废弃物。

第十，初期养护：①微表处混合料铺筑后，在开放交通前禁止一切车辆和行人通行；②微表处混合料摊铺后一般不需要压路机碾压；③混合料能够满足开放交通的要求后，应尽快开放交通。

（三）碎石封层

碎石封层是一种技术成熟的路面预防性养护技术。它是采用单粒径碎石满铺路面，采用高剂量的路面黏结剂以稳固碎石的超薄磨耗层，为旧路面提供抗滑、降噪、防水、抗裂保护层。其特别适用于沥青路面结构功能良好，但路面出现贫油、掉粒、龟裂、渗水等病害的旧路面的预防性养护。

我国幅员辽阔，公路状况差异大，而同步碎石封层技术既适用于高等级公路，也适用于普通城市公路、乡村公路等，而且不受各种气候、交通能力等因素的影响。碎石封层在我国部分省份的国道、省道的建设中已经得到应用。

1. 碎石封层的主要材料

（1）黏结剂。碎石封层黏结剂的质量是保证碎石封层耐久性的关键，宜采用乳化沥青或改性乳化沥青作为胶结料，也可采用道路石油沥青、改性沥青、橡胶沥青等作为胶结料。

使用乳化沥青时，乳化沥青蒸发残留物含量应不小于 60%，宜不小于 62%；使用改性乳化沥青时，改性乳化沥青蒸发残留物含量应不小于 62%，宜不小于 65%。有别于传统的改性乳化沥青，黏结剂要求固化后具有较高的黏结力，将封层碎石稳固在路面上，同时具有较好的延展性，不出现"脆化"现象，有效防止裂缝的产生。

（2）碎石。碎石封层应选择玄武岩、辉绿岩、石灰岩等岩石破碎而成，宜采用粒径 3 ~ 5 mm、5 ~ 8 mm、7 ~ 10 mm、9 ~ 12 mm 或 12 ~ 15 mm 接近单一粒径集料。

2. 碎石封层的施工工艺

（1）碎石预拌。预拌的目的有两个：一是通过拌和楼强力除尘，二是在碎石表面裹覆薄层沥青。预拌后的碎石不能成团，便于撒布，同时碎石表面必须满裹覆沥青，以提高黏结力。

（2）撒布。撒布前要对原路面进行认真清扫，为保证黏结剂与碎石封层的有效黏结，必须采用同步碎石封层车施工，即将预拌碎石及黏结材料同步铺撒在路面上，可以使碎石颗粒立即与刚喷洒的黏结剂相接触，增加了集料颗粒与黏结剂的裹覆面积，再通过胶轮压路机碾压，形成单层沥青碎石磨耗层。由于黏结剂用量大，为保证黏结效果，可以分沥青面层底部撒布、同步碎石撒布、封面撒布 3 次撒布成型。

碎石撒布率和胶结料撒布率根据原路面状况、交通荷载等级、施工经验、施工季节等，并结合碎石粒径和施工层数确定。

（四）复合封层

碎石封层用于公路面层时，集料容易脱落，噪声比较大。在碎石封层之后再进行一层微表处，就可以解决碎石封层的石屑脱落、高噪声、外表不美观等问题，这就是复合封层的由来。复合封层具有经济性好、摩擦系数较高、防滑性能好的特点。

复合封层结构以碎石封层（或者改性稀浆封层）为下承层，微表处作为面层形成整体的结构层次。这种结构结合了碎石封层/稀浆封层和微表处两者的优点，结构在具有优良的抗滑性能和良好的平整度的同时，可以有效地阻止地面水对基层的渗透，缓解基层病害对面层的影响。复合封层可以有效地保护路面，提高路面耐久性。

改性乳化沥青、橡胶沥青、改性沥青等都可以作为碎石封层的黏结料。它们可以在很大程度上降低微表处的开裂，起到很好的封水作用。尤其是采用橡胶沥青作为碎石封层的黏结料，可以很好地抑制裂缝的反射。

第三节　公路工程水泥混凝土路面的养护管理

一、水泥混凝土路面养护的内容与要求

（一）水泥混凝土路面养护的内容

清扫行车道与硬路肩上的泥土和杂物；填补或清除水泥混凝土路面各种接缝的填缝料；疏通路基路面排水设施；清洗和恢复路面各种标线、导向箭头及文字标记；修复路面、路肩和路缘石等的局部损坏，对局部路段路面损坏严重的予以翻修；铺筑加铺层，以恢复其表面功能；局部补强以提高承载能力。

（二）水泥混凝土路面养护的要求

水泥混凝土路面的养护质量标准见表5-4。

表5-4　水泥混凝土路面养护质量标准[1]

项目		高速公路、一级公路	其他等级公路
平整度/mm	平整度仪	2.5	3.5
	3 m 直尺/h	5	8
	国际平整度指数 IRI/（m·km^{-1}）	4.2	5.8
抗滑	构造深度 TD/mm	0.4	0.3
	抗滑值 SRV（BPN）	45	35
	横向力系数 SFC	0.38	0.30
相邻板高差/mm		3	5
接缝填缝料凹凸/mm		3	5
路面状况指数（PCI）		≥70	≥55

---

① 本节图表引自周爱成，马运朝.公路养护与管理[M].重庆：重庆大学出版社，2022：65.

二、水泥混凝土路面的维修与养护

（一）水泥混凝土路面病害的维修

1. 裂缝维修

水泥混凝土路面的裂缝情况比较复杂，维修时应根据裂缝产生的原因和具体情况，采用不同的材料和相应的维修措施，常用的维修方法有扩缝灌浆、直接灌浆、条带补缝、全深度补块等。

（1）轻微裂缝。对于宽度小于 3 mm 的轻微裂缝，可采取扩缝灌浆：①顺着裂缝扩宽成 1.5 ~ 2.0 cm 的沟槽，槽深可根据裂缝深度确定，最大深度不得超过2/3板厚；②清除混凝土碎屑，吹净灰尘后，填入粒径为 0.3 ~ 0.6 cm 的清洁石屑；③根据选用的灌缝材料，按规定进行配比，混合均匀后，灌入扩缝内；④灌缝材料固化后，达到通车强度时，即可开放交通。

（2）中等裂缝。对于贯穿全厚的大于 3 mm 且小于 15 mm 的中等裂缝，可采取条带罩面方法进行补缝：①在裂缝两侧切缝时，应平行于缩缝，且距裂缝距离不小于15cm；②凿除两横缝内混凝土的深度宜为 7 cm；③每间隔 50 cm 打一对耙钉孔，耙钉孔的大小应略大于耙钉直径 2 ~ 4 mm，并在两耙钉孔之间打一对与耙钉孔直径一致的耙钉槽；④耙钉宜采用 φ16 的螺纹钢筋，使用前应除锈，耙钉长度不小于 20 cm，弯钩长度为 7 cm；⑤耙钉孔必须填满砂浆，方可将耙钉插入孔内安装；⑥切割缝的内壁应凿毛，并清除松动的混凝土碎块及表面尘土、裸石；⑦浇筑混凝土时，应及时振捣密实、抹平，并喷洒养护剂；⑧修补板块面板两侧，应加深缩缝，并灌注填缝料。

（3）严重裂缝。对于宽度大于 15 mm 的严重裂缝，可采用全深度补块。①集料嵌锁法适用于无筋混凝土路面交错的接缝，且接缝间隔小于 300 ~ 400 cm；②刨挖法也称倒 T 形法，该方法适用于接缝间传荷很差部位的修补，在相邻板块横边的下方暗挖 15 cm×15 cm 的一块面积用于荷载传递。施工要求同集料嵌锁法；③设置传力杆法适用于寒冷气候和承受重型交通荷载的混凝土路面。

2. 胀起处理

水泥混凝土路面胀起问题，主要是由于混凝土板块受热膨胀，而胀缝功能失效，导致横缝两侧板块显著抬升。针对此类问题，胀起处理应根据实际情况，灵活采取恰当的方法进行处理。

（1）轻微胀起的病害。应首先使用切缝机或其他专用工具将胀起板间横缝中的硬物细致切碎，随后利用压缩空气彻底清除缝中的石屑、杂物及灰尘。之后，尝试将板块复位，并仔细灌填高质量的接缝材料，以确保接缝的密封性和稳定性。

（2）针对严重胀起且路面结构尚完好的情况。需根据板块胀起的具体高度，精确计算需切除板块的长度。处理时，先对胀起板块两侧邻近的 1 ~ 2 条横缝进行加宽切割，待内部应力充分释放后，再切除胀起的板端部分。随后，逐步将板块恢复至原位，并彻底清理缝隙及其他接缝内的杂物，重新灌填接缝材料，确保路面平整。

（3）胀起板端已发生断裂或破损。应按处理严重裂缝的方法执行，包括但不限于集料嵌锁法、刨挖法及设置传力杆法等，以恢复路面的完整性和承载能力。

（4）由于胀缝两端间夹入硬物所致胀起。应彻底清除这些硬物，使板块能够自然复位。同时，需对接缝内的杂物和灰尘进行全面清理，并重新灌填接缝材料，防止类似问题再次发生。

（5）胀缝间因传力杆设置不当（部分或全部）导致板受热时无法自由伸长而胀起。需重新设置胀缝。此过程应严格按照水泥混凝土路面的相关施工规范进行，确保传力杆设置合理，面板能够恢复原有状态，且具备良好的热胀冷缩适应能力。

3. 沉陷处理

沉陷是水泥混凝土路面严重病害之一，它可以导致面板的错台、严重破碎，影响行车安全。沉陷处理应设置排水设施，其方法按前述唧泥处理排水设施要求进行。沉陷处理方法有板块灌砂顶升法、千斤顶顶升法、浅层接合式修补法和整块板翻修法等。

（1）当车辆驶过时仅引起不舒适但不影响安全性，且纵坡突变量为 0.5% ~ 1.0% 的轻微沉陷可不予处理。

（2）当某些车辆高速驶过时影响安全，且纵坡突变量大于 1.0% 的属于严重沉陷。严重沉陷可采用提升面板后再压浆的方法进行处理，也可采用先板底灌浆再进行浅层接合式修补调平，或采用沥青混凝土罩面的办法处理。面板在顶升前，应用水准仪测量下沉板的下沉量，测站距下沉处应大于 50 m，并绘出纵断面，求出升起值。在每块混凝土面板上钻出两行平行的直径为 3 cm 的透孔，孔的距离约为 1.7 m（板宽 3.5 m 时，一孔所占面积为 3 ~ 3.5 m^2），孔深应略大于板厚 2 cm。当板需要从一侧升起时，只需在升起部分钻孔。在升起前将所有孔用木塞堵好，一孔一孔地灌砂，充气管与板接头处用棉絮密封，用排气量为 6 ~ 10 m^3/min 的空气压缩机向孔中灌砂，直至下沉板全部顶升就位。灌注材料可采用水泥砂浆。压浆材料的抗压强度达到 6 MPa 时，方可开放交通。

（3）沉陷并伴有板体开裂时属于严重破碎板，一般应整板更换。整板更换时，宜用液压镐将旧板凿除，尽可能保留原有拉杆，并清运混凝土碎块，将基层损坏部分清除，并整平压实。对基层损坏部分，宜采用 C15 混凝土补强。补强混凝土顶面高程应与旧路面基层顶面高程相同，同时宜在混凝土面板接缝处的基层上涂刷一道宽 20 cm 的薄层沥青。

（4）整块翻修的面板如处在路面排水不良地带，路面板边缘及路肩应设置路基纵横向排水系统。单一板块翻修时，应在路面板接缝处设置横向盲沟。路面有纵坡时，宜设置纵向盲沟，在纵坡底部设置横向盲沟。

（5）板块修复、混凝土施工时，配合比及所有材料宜采用快速修补材料。修补材料按配合比设计，将拌和好的混合料用翻斗车运送到施工现场，进行人工摊铺。宜采用插入式振捣器振捣边角混凝土，并用振动梁刮平提浆，人工抹平，与原混凝土板面高低一致。对混凝土表面处理时，应按原路面纹理进行，宜采用养护剂进行养护。相邻板边的接缝应用切缝机切至 1/4 板块深度，清除缝内杂物，灌入接缝材料。待混凝土达到通车强度后，开放交通。

4. 纵向接缝张开维修

（1）相邻车道面板发生横向位移，导致纵向接缝张开宽度小于 10 mm 时。建议采用聚氯乙烯胶泥、焦油类填缝料或橡胶沥青等加热施工式填缝料进行修复。这些材料在加热后能够有效填充接缝，恢复其密封性和稳定性。

（2）相邻车道板横向位移导致纵向接缝张口宽度在 10 ~ 15 mm（含 15 mm）时。推荐使用聚氨酯类常温施工式填缝料进行维修。维修程序应包括：首先清除缝内杂物和灰尘，确保缝内清洁；然后按照材料配比准确配制填缝料；接着使用挤压枪将填缝料均匀注入接缝中；待填缝料固化后，即可开放交通。

（3）纵向接缝张口宽度超过 15 mm 时。应采用沥青砂作为填缝材料。沥青砂具有良好的黏结性和耐久性，能够有效填补较大宽度的接缝。

（4）纵缝宽度达到 30 mm 以上，需采取更为复杂的维修措施。首先，在纵缝两侧横向锯槽并凿开，槽间距设为 60 cm，槽宽 5 cm，槽深 7 cm。然后，在纵缝两侧各 10 cm 处钻直径为 14 mm 的孔，用于设置 ϕ12 螺纹钢筋耙钉。耙钉在老混凝土路面内的弯钩长度应为 7 cm，以增强新旧混凝土之间的连接强度。接下来，用同等级的水泥混凝土填补纵缝内部的凿开部分，确保填补密实。最后，在缝的一侧涂刷沥青，以增强接缝的防水性能。整个维修过程需严格按照规范操作，确保维修质量。

5. 接缝填缝料损坏维修

（1）维修前准备。首先使用凿除工具或专业的清缝机彻底清除接缝中已损坏的旧填缝料及所有杂物，随后利用高压气枪或吹风机将缝内灰尘彻底吹净，确保接缝干净无杂质，为后续修补工作打下良好基础。

（2）胀缝的修理。应先在缝壁均匀涂刷一层热沥青，以增强新填缝料与缝壁的黏结力。随后，将接缝板小心压入缝内，确保接缝板平整且紧密贴合。对于接缝板的接头处以及接缝板与传力杆之间的微小间隙，必须采用沥青或其他适宜的填缝料仔细填实并抹平，以保证接缝的密封性和耐久性。若需使用嵌缝条，则应在其上部及时嵌入，并确保嵌缝条位置准确、牢固。

（3）采用加热式填缝料进行修补。必须将填缝料加热至规定的灌入温度，通过过滤去除其中的杂质，然后倒入灌缝机内进行填灌作业。在填灌过程中，宜使用铁钩等工具来回钩动，以促使填缝料更好地与缝壁结合，增强黏结性和密封性。特别是在气温较低的季节施工时，应提前使用喷灯对接缝进行预热处理，以提高填缝效果。

（4）常温式填缝料的修补。其施工方法与加热式填缝料类似，主要区别在于无需对填缝料进行加热处理。在操作过程中，同样需要注意清除杂物、保证填缝料的均匀填灌以及与缝壁的紧密黏结。此外，还需注意施工环境的温度和湿度条件，以确保填缝料能够正常固化和达到预期的修补效果。

（二）水泥混凝土路面的预防养护

1. 清扫保洁

（1）水泥混凝土路面的维护至关重要，必须定期进行清扫，以去除泥土、污物等杂质。对于路面与其他不同类型路面平面连接处及平交道口，由于污染较为集中，应增加清扫频次，确保路面清洁。同时，路面上出现的小石块等坚硬物不仅容易在行车碾压下破坏路面和嵌入接缝，还可能造成飞石伤人，因此必须及时予以清除。此外，中央分隔带内的杂物也应定期清理，以保持路容整洁，提升行车安全。

（2）路面清扫的频率应根据公路的实际状况、交通量大小及其组成、环境条件等多种因素综合确定。在条件允许的情况下，应优先采用机械作业进行清扫，以提高效率并减少人力成本。然而，机械清扫可能会留下一些死角，此时需要人工进行补充清扫，确保路面无遗漏。

（3）在进行路面清扫作业时，应尽量减少因清扫而产生的灰尘，以免对环境造成污染并危及行车安全。为此，清扫作业应尽量避开交通量高峰时段进行，以减少对交通的影响。

（4）清扫后的垃圾应统一运至指定地点进行处理，严禁随意倾倒，以避免造成二次污染。

（5）当路面被油类物质或化学药品污染时，这些物质会降低路面的摩擦系数，从而增加交通事故的风险。因此，一旦发现此类污染，应立即进行清洗，确保路面恢复良好的摩擦性能。

（6）交通标志标牌、标线、轮廓标以及防撞栏等交通安全设施不仅是公路景观的重要组成部分，更是保障交通安全的关键设施。因此，应定期对这些设施进行擦拭和清洗，以保持其整洁、醒目。对于反光标志，应特别注意观察和清洗，防止因污染而降低其反光性能，影响夜间行车安全。

（7）在日常维护中，应保持交通标志标牌、标线、示警桩、轮廓标等交通安全设施的完整性。一旦发现局部脱落、破损等情况，应及时使用原材料进行修复或更换，以确保其正常发挥交通安全保障作用。

2. 接缝保养

（1）填缝料凸出板面。高速公路和一级公路超出 3 mm，其他等级公路超过 5 mm 时应铲平。这一规定确保了路面的平整度和行车安全。

（2）在气温较高的情况下，混凝土板会膨胀。如果填缝料的压缩性能和热稳定性不足，可能会发生填缝料外溢甚至流淌到接缝两侧的面板上。这种情况不仅影响路面的平整度，还可能影响道路的外观。因此，应及时清除这些填缝料。

（3）当杂物嵌入接缝中时，接缝的胀缩功能会受到影响，进而可能导致面板拱胀或断裂。特别是当石子嵌入接缝时，会使接缝处的板端应力集中，增加接缝附近混凝土板被挤碎的风险。因此，应及时清除这些杂物，以保持接缝的正常功能和延长道路的使用寿命。

3. 填缝料定期更换

（1）填缝料的更换周期需综合考虑多方面因素，主要包括填缝料自身的耐久性、施工时的质量控制以及路面的实际使用状况。一般而言，填缝料的更换周期为 2～3 年，但具体应根据实际情况灵活调整。

（2）当发现填缝料出现局部脱落时，应及时进行灌缝填补，以防止雨水等有害物质渗入接缝，影响路面结构安全。若填缝料脱落缺失的长度超过接缝总长的 1/3，或填缝料出现明显老化、接缝渗水严重等现象时，应立即进行整条接缝的填缝料更换工作，以确保接缝的密封性和耐久性。

（3）在更换填缝料时，应确保新填缝料饱满、密实，并与接缝两侧的路面结构紧密黏接，形成牢固的防水屏障。同时，应注意控制填缝料的灌注深度，一般宜为 3～4 cm，以确保填缝料能够充分填充接缝并起到良好的密封作用。

（4）更换填缝料之前的准备。首先彻底清除原填缝料及掉入缝槽内的砂石、杂物等，确保缝槽干燥、清洁。对于缝深过大的接缝，可在缝的下部填充适量的多孔柔性垫底材料或泡沫塑料支撑条，以支撑新填缝料并防止其因自重而下沉。在灌注新填缝料时，应根据季节变化适当调整灌注高度。夏天时，填缝料宜与面板平齐；而在冬天，由于气温较低，填缝料可能会收缩，因此宜稍低于面板 2 mm 左右。此外，多余或溅到面板上的填缝料应及时清除，以保持路面整洁。填缝料更换工作宜选在春、秋两季进行，或选择在当地年气温居中且材料较干燥的季节进行，以确保施工质量和效果。

4. 排水设施养护

（1）应定期巡查路面排水设施，并结合重点检查，一旦发现损坏应立即安排修复，遇到堵塞必须立即疏通，路段积水应及时排出。

（2）雨天应重点检查超高路段的排水设施，包括中央分隔带纵向排水沟、横向排水管、雨水井、集水井等，确保排水畅通。排水构造物及路肩修复应使用与原构造物相同或相容的材料。

（3）保持路面横坡及平整度，确保沥青路面横坡大于水泥混凝土路面横坡，以利于排水。

（4）保持路肩横坡大于路面横坡，并及时修复路肩缺口。对于路面接缝、路肩接缝及路缘石与路面接缝，如出现接缝变宽渗水，应及时进行填缝处理。

（5）定期修整路肩植物、清除路肩杂物，疏通路肩排水设施和中央分隔带排水设施，确保路面排水顺畅。

5. 冬季养护

在冰雪覆盖的地区，水泥混凝土路面的冬季养护工作核心在于除雪、除冰及实施有效的防滑措施。这些作业应特别关注桥面、坡道、弯道、垭口等交通安全隐患较大的路段，以确保行车安全。

（1）制定除雪、除冰、防滑作业计划。需综合考虑气象资料、沿线路段的具体条件、降雪量大小、积雪深度以及可能对交通造成的危害范围等因素。同时，要做好机驾人员的专业培训，确保机械设备、作业工具及防冻防滑材料的充足准备，以应对突发情况。

（2）除雪作业应优先清除新降的积雪，以减少积雪对交通的影响。在化雪过程中，应及时清理雪水和薄冰，防止其重新冻结。对于除冰困难的路段，应采取以防滑为主、除冰为辅的策略，同时确保除冰作业不会损坏路面结构。

（3）路面防冻防滑的主要措施包括：使用盐或其他环保型融雪剂来降低路面的结冰点；铺设砂等防滑材料，或将其与融雪剂混合使用，以增大轮胎与路面之间的摩擦系数。确定防冻、防滑材料的撒布时间时，需考虑气象条件、路面状况等因素。一般来说，可以在开始下雪时即开始撒布融雪剂或与防滑料混合撒布，或在预计路面即将冻结前 1 ~ 2 小时内进行撒布。为防止路面结冰，通常撒布一次防冻料即可；而在除雪作业过程中，撒布次数可根据除雪作业的频率进行调整。此外，在冰雪开始融化前，应及时将积雪清除至路肩之外，防止雪水渗入路肩造成损害。冰雪完全消融后，还需清理路面上的残留物，保持路面清洁。特别需要注意的是，禁止将含有融雪剂的积雪堆积于绿化带，以免对植物造成损害。

第六章　公路工程构造物与交通设施的养护

本章聚焦于公路系统中关键构造物及配套设施的维护管理,旨在保障公路网络的安全、顺畅运行。随着交通量的增长与自然环境的变化,桥涵、隧道等构造物及交通设施面临严峻考验。本章首先探讨桥涵与隧道构造物的专业养护技术,确保其结构安全与功能完好;随后,分析公路自然灾害的成因与防治策略,提升公路系统的抗灾能力;最后,关注公路交通安全及沿线设施的维护,营造安全、舒适的行车环境。本章研究对于提升公路整体运行效率、保障公众出行安全具有重要意义。

第一节　桥涵与隧道构造物的养护工作

一、桥涵的养护工作

(一)桥涵养护的要求及内容

公路桥涵养护应遵循"防治结合、科学养护、安全运行、保障畅通"的原则。桥梁养护工作应结合桥梁的养护检查等级开展,对桥梁检查中发现的病害应制订相应的养护维修方案并及时处置。桥梁检查应分为初始检查、日常巡查、经常检查、定期检查和特殊检查。涵洞检查包括经常检查和定期检查。桥梁评定应包括技术状况评定和适应性评定。公路桥涵养护工程按照养护目的,分为预防养护、修复养护、专项养护和应急养护。涵洞养护包括日常养护、维修、加固与改建。

桥梁技术状况评定应依据桥梁初始检查、定期检查资料,通过对桥梁各部件技术状况的综合评定,确定桥梁的技术状况等级,提出养护措施。各等级桥梁所采取的养护对策如表6-1所示。

表6-1　桥梁技术状况等级与养护对策 [1]

技术状况等级	养护对策
一类	日常养护、预防养护
二类	修复养护、预防养护
三类	修复养护、加固或更换较大缺陷构件,必要时可进行交通管制
四类	修复养护、加固或改造,及时进行交通管制,必要时封闭交通
五类	及时封闭交通,改建或重建

桥涵养护主要范围,包括桥面系、梁桥上部结构、拱桥上部结构、钢结构、斜拉桥上

---

[1] 本节图表引自周爱成,马运朝.公路养护与管理 [M].重庆:重庆大学出版社,2022:83.

部结构、悬索桥上部结构、桥梁下部结构、基础、锚碇、支座、桥梁附属设施和调治构造物的养护与维修。

（1）桥梁养护，应符合要求。①桥梁外观整洁；②结构无损坏，无异常变形，稳定性良好；③桥面铺装坚实平整，纵、横坡适度，桥头平顺；④桥面系各构件、支座及附属设施等状态完好、功能正常、布置合理；⑤基础无冲蚀。

（2）涵洞养护，应符合要求。①功能正常、排水顺畅、排放适当；②各构件及附属结构完好；③涵洞表面清洁、不漏水。

（二）桥梁评定的标准与方法

1.适应性评定

（1）适应性评定标准。桥梁适应性评定可根据需要进行。评定工作可与定期检查、特殊检查结合进行，按照《公路桥涵养护规范》（JTG 5120—2021）进行评定。

（2）适应性评定方法。

第一，承载能力评定：可采用分析检算或荷载试验方法。

第二，通行能力评定：可将设计通行能力与实际交通量进行比较，也可和使用期预测交通量进行比较，评价桥梁能否满足现行或预期交通量的要求。

第三，抗灾害能力评定：可采用现场测试与分析检算方法，重要桥梁可进行模拟试验。

第四，耐久性评定：可采用外观耐久状态评定与剩余耐久年限评定相结合的方法。

2.技术状况评定

（1）桥梁技术状况评定标准。桥梁技术状况评定应依据桥梁初始检查、定期检查资料，按照《公路桥梁技术状况评定标准》（JTG/T H21—2011）进行桥梁技术状况等级评定。

（2）桥梁技术状况评定方法。公路桥梁技术状况评定包括桥梁构件、部件、桥面系、上部结构、下部结构和全桥评定。公路桥梁技术状况评定应采用分层综合评定与五类桥梁单项控制指标相结合的方法，先对桥梁各构件进行评定，然后对桥梁各部件进行评定，再对桥面系、上部结构和下部结构分别进行评定，最后进行桥梁总体技术状况评定。

（3）桥梁技术状况等级分类。由于不同的桥梁构件对桥梁技术状况影响程度不同，将桥梁结构分为两大部分，分别为主要部件和次要部件。各结构类型桥梁主要部件见表6-2，其他部件为次要部件。

表6-2　各结构类型桥梁主要部件

序号	结构类型	主要部件
1	梁式桥	上部承重构件、桥墩、桥台、基础、支座
2	板拱桥（圬工、混凝土）、肋拱桥、箱形拱桥、双曲拱桥	主拱圈、拱上结构、桥面板、桥墩、桥台、基础
3	刚架拱桥、桁架拱桥	刚架（桁架）拱片、横向联结系、桥面板、桥墩、桥台、基础

序号	结构类型	主要部件
4	钢—混凝土组合拱桥	拱肋、横向联结系、立柱、吊杆、系杆、行车道板（梁）、支座
5	斜拉桥	斜拉索（包括锚具）、主梁、索塔、桥墩、桥台、基础、支座

桥梁总体技术状况评定等级和主要部件技术状况评定等级分为 5 个等级，次要部件技术状况评定等级分为 4 个等级。桥梁总体技术状况评定等级分为一类、二类、三类、四类、五类，详见表 6-3。

表 6-3　桥梁总体技术状况评定等级

技术状况评定等级	桥梁技术状况描述
一类	全新状态，功能完好
二类	有轻微缺损，对桥梁使用功能无影响
三类	有中等缺损，尚能维持正常使用功能
四类	主要构件有大的缺损，严重影响桥梁使用功能；或影响承载能力，不能保证正常使用
五类	主要构件存在严重缺损，不能正常使用，危及桥梁安全，桥梁处于危险状态

桥梁主要部件技术状况评定标度分为一类、二类、三类、四类、五类，详见表 6-4。

表 6-4　桥梁主要部件技术状况评定标度

技术状况评定标度	桥梁技术状况描述
一类	全新状态，功能完好
二类	功能良好，材料有局部轻度缺损或污染
三类	材料有中等缺损；或出现轻度功能性病害，但发展缓慢，尚能维持正常使用功能
四类	材料有严重缺损，或出现中等功能性病害，且发展较快；结构变形小于或等于规范值，功能明显降低
五类	材料严重缺损，出现严重的功能性病害，且有继续扩展现象；关键部位的部分材料强度达到极限，变形大于规范值，结构的强度、刚度、稳定性不能达到安全通行的要求

桥梁次要部件技术状况评定标度分为一类、二类、三类、四类，详见表 6-5。

表 6-5　桥梁次要部件技术状况评定标度

技术状况评定标度	桥梁技术状况描述
一类	全新状态，功能完好；或功能良好，材料有轻度缺损、污染等
二类	有中等缺损或污染
三类	材料有严重缺损，出现功能降低，进一步恶化将不利于主要部件，影响正常交通
四类	材料有严重缺损，失去应有功能，严重影响正常交通；或原无设置，而调查需要补设

（4）桥梁技术状况评定工作流程。根据制订的桥梁检查计划进行桥梁现场检查，对

各构件检测指标的技术状况进行现场评定（一类至五类），并依据各检测指标的技术状况评定结果按照桥梁评定模型计算桥梁构件的技术状况，然后依次计算桥梁各部件以及上部结构（下部结构、桥面系）的技术状况，最后根据上部结构、下部结构、桥面系的技术状况计算全桥技术状况。

如果在现场评定时，桥梁符合五类桥单项控制指标，如表6-6所示，则桥梁总体技术状况直接可以评定为五类。最后，需要将检查以及评定的结果按照相关规定归档。

表6-6　五类桥单项控制指标

编号	五类桥单项控制指标描述
1	上部结构有落梁；或有梁、板断裂现象
2	梁式桥上部结构承重构件控制截面出现全截面开裂；或组合结构上部承重构件结合面开裂贯通，造成截面组合作用严重降低
3	梁式桥上部结构承重构件有严重的异常位移，存在失稳现象
4	结构出现明显的永久变形，变形大于规范值
5	关键部位混凝土出现压碎或杆件失稳倾向；或桥面板出现严重塌陷
6	拱式桥拱脚严重错台、位移，造成拱顶挠度大于限值；或拱圈严重变形
7	圬工拱桥拱圈大范围砌体断裂，脱落现象严重
8	腹拱、侧墙、立墙或立柱产生破坏造成桥面板严重塌落
9	系杆或吊杆出现严重锈蚀、断丝
10	悬索桥主缆或多根吊索出现严重锈蚀、断丝
11	斜拉桥拉索钢丝出现严重锈蚀、断丝，主梁出现严重变形
12	扩大基础冲刷深度大于设计值，冲空面积达20%以上
13	桥墩（桥台或基础）不稳定，出现严重滑动、下沉、位移、倾斜等现象
14	悬索桥、斜拉桥索塔基础出现严重沉降或位移；或悬索桥锚碇有水平位移和沉降

（5）桥梁技术状况评分分类。

第一，桥梁技术状况分类界限宜按表6-7执行。

表6-7　桥梁技术状况分类界限表

技术状况评分	技术状况等级D				
	一类	二类	三类	四类	五类
Dr（SPCI、SBCI、BDCI）	[95, 100]	(80, 95)	[60, 80)	(40, 60)	(0, 40)

第二，当上部结构和下部结构技术状况等级为三类、桥面系技术状况等级为四类，且桥梁总体技术状况评分为40≤Dr<60时，桥梁总体技术状况等级应评定为三类。

第三，全桥总体技术状况等级评定时，当主要部件评分达到四类或五类且影响桥梁安全时，可按照桥梁主要部件最差的缺损状况评定。

（三）桥涵日常养护与预防养护

日常养护是指对桥涵及其附属设施进行的维护保养和修补轻微缺损的工作。预防养护是指当桥涵有轻微病害但整体性能良好时，为延缓其性能衰减、延长使用寿命而采取的防护工程。技术状况等级为一、二类桥梁主要采用日常养护和预防养护。

1. 养护内容

桥涵日常养护、预防养护，主要包括如下内容。

（1）清除污泥、积雪、积冰、杂物，保持桥梁清洁。

（2）保持调治构造物完好，疏通涵管，疏导桥下河槽和淤积。

（3）伸缩缝、排水系统、支座、锚头、钢构件等的保养与清理。

（4）保持桥涵状态良好，修补桥梁轻微缺损、局部更换附属设施和损坏构件。

2. 养护措施

桥涵日常养护、预防养护，主要措施如下。

（1）设置通行限行标志，防止桥梁被撞击。

（2）封闭、修补混凝土表面裂缝、缺陷。

（3）设置涂层，减缓混凝土碳化、防止钢筋锈蚀。

（4）修理桥梁漏水、渗水构件和部件。

（5）修补桥面坑槽、修复更换伸缩缝。

（6）清理、油饰钢结构，增加钢材涂层厚度。

（7）清理桥梁污染部位。

（8）其他措施。

（四）桥涵养护的常用方法

1. 灌注法修补裂缝

当裂缝宽度超过 0.15 mm，且裂缝较深，伴有漏水现象，这不仅对结构的耐久性构成威胁，还可能影响其强度和刚度时，需采用注浆法进行裂缝修补，通过向裂缝内灌注浆液，使混凝土梁体重新黏结为一个整体。所选用的浆液通常为黏度较低的环氧胶或其他高性能高分子材料，这些材料需具备高于被灌注梁体混凝土抗拉强度的特性，并在压力作用下能够有效渗入混凝土裂缝内部。

灌注法修补施工流程如下。

（1）裂缝检查与确认：首先，对裂缝进行全面细致的检查，准确测量并记录其长度和宽度。随后，在裂缝两侧沿其走向绘制标记线，清晰标注裂缝的具体尺寸信息。

（2）裂缝表面预处理：利用钢丝刷或砂轮机，对裂缝两侧各约 5 cm 宽的区域进行打磨处理，以清除表面的水泥浮浆、松散物及油污等杂质，直至露出干净、坚实的混凝土基面。在此过程中，需特别注意避免将裂缝本身堵塞。

（3）固定注射基座：根据裂缝的实际宽度和长度，合理规划注射基座的位置。通常，沿裂缝走向每隔 100 ~ 300 mm 设置一个基座，并确保裂缝的首尾及分岔处均有基座覆盖。

基座应跨缝布置，其底部涂抹适量的密封胶后，粘贴并牢固固定于预定位置。随后，使用密封胶对基座与混凝土之间的接缝进行密封处理，以防止注射过程中胶液的流失。

（4）裂缝表面封闭：在裂缝两侧各 5 cm 宽的范围内，均匀涂抹密封胶进行封闭处理，确保封闭层厚度大于 2 mm。对于混凝土剥落或缝宽较大的区域，应尽可能向内填充密封胶，以增强封闭效果。

（5）注射胶灌注：灌注前需明确灌注顺序，一般遵循竖向裂缝自下而上、水平裂缝由低向高、贯通裂缝两面交错进行的原则。将注射胶注入注射器筒内，注意避免吸入空气。随后，将注射器安装在注射基座上，并加装适量的橡皮筋进行加压。根据注射需要调整橡皮筋数量。若注射筒内胶液在固化前用尽，应及时更换新筒继续灌注。整个灌注过程中需保持排气畅通。

（6）注射胶固化：当注射器内胶液无法继续注入裂缝时，保持注射器稳定 15 ~ 20 min，随后可取下注射器。

（7）混凝土表面修整：待注射胶完全固化后，拆除固定基座，并使用砂轮机等工具清除表面残留的密封胶及不平整部分，直至混凝土表面恢复平整。

2. 表面封闭修补裂缝

当裂缝宽度小于 0.15 mm，或细状不继续发展的裂缝，或为阻止混凝土碳化发展，或防止海洋大气和其他腐蚀环境时，对混凝土及钢筋的腐蚀采用表面处理。以树脂或涂料在需处理的局部或整个梁体形成封闭膜，将混凝土与空气和水隔断。

表面封闭修补施工流程如下。

（1）用钢丝刷清除原混凝土表面浮浆，将缝口表面 2 cm 范围内的混凝土打毛。

（2）用压缩空气去除缝口浮尘，用甲苯或工业丙酮清洗缝口。

（3）按要求配置环氧树脂胶泥，并均匀涂刮在构件表面裂缝处，将裂缝完全封闭。

（4）采用表面封闭法处理裂缝时，应在缝口表面处理后，用裂缝修补材料涂刷或用改性环氧胶泥适当加压刮抹。

（5）环氧树脂胶泥封闭裂缝完毕，待其固化后，在胶泥表面再涂刷一层环氧胶，起保护作用。全部固化后再对表面进行平滑处理。

3. 凿槽嵌修补裂缝

凿槽嵌是沿混凝土裂缝凿一条深槽，然后在槽内嵌补各种黏结材料，如环氧砂浆、沥青、甲基丙烯酸脂类化学补强剂（甲凝）等的一种修补方法。首先，沿裂缝凿出 V 形槽；其次，槽两边混凝土面修理平整；再次，槽内清除干净；最后，在槽内嵌补黏结材料，如环氧砂浆等化学补强剂。

4. 填缝修补砌体裂缝

填缝是砖石砌体裂缝修理中最简便的一种方法。操作时，将缝隙清理干净，根据裂缝宽度不同分别用勾缝刀、抹子等工具进行操作，所用灰浆通常采用 1 ∶ 2.5 或 1 ∶ 3 水泥砂浆，一般不得低于砌筑灰浆的强度。

5. 表面粘贴法修补裂缝

表面粘贴法是一种有效的裂缝修补技术，它通过胶黏剂将玻璃布、钢材等材料紧密粘贴在裂缝部位的混凝土表面上，从而达到封闭裂缝、增强结构强度的目的。

（1）玻璃布粘贴。

材料选择：粘贴玻璃布时，优选无碱玻璃纤维织成的材料，因其较有碱玻璃纤维具有更佳的耐水性和强度。

预处理：为增强黏结效果，需对玻璃布进行除油蜡处理。此过程包括将玻璃布置于烘烤炉中，加温至 190 ~ 250 ℃，随后在浓度为 2% ~ 3% 的碱水中煮沸约 30 min，最后用清水洗净并烘干或晾干。

施工准备：粘贴前，需对混凝土面进行凿毛处理，并彻底冲洗干净，确保表面无油污、灰尘及杂质。若表面不平整，可预先使用环氧砂浆进行找平。

粘贴步骤：首先，在粘贴面上均匀涂刷一层环氧基液，确保无气泡产生。然后，将处理好的玻璃布拉直并紧贴在混凝土面上，用刷子或其他工具在玻璃布表面再刷一层环氧基液，使其充分浸透并溢出。重复此步骤粘贴第二层玻璃布，且上层玻璃布应比下层稍宽 1 ~ 2 cm，以便于压边处理。

（2）钢板粘贴法。施工顺序如下。

第一，钢板预处理：根据需求尺寸切割钢板，并使用打磨机去除表面锈蚀层，露出干净的金属表面。同时，对混凝土表面进行修凿，确保平整。

第二，清洁工作：使用丙酮或二甲苯等溶剂清洗混凝土表面及钢板面，彻底去除油脂、灰尘等杂质。

第三，涂刷黏结剂：在钢板和混凝土的粘贴面上均匀涂刷环氧基液黏结剂，确保涂抹均匀无遗漏。

第四，压贴钢板：使用方木、角钢和固定螺栓等工具对钢板施加均匀压力，使其紧密贴合于混凝土表面。

第五，养生与拆除：按照要求的养生时间进行养护，之后拆除压贴用的支架材料，如方木、角钢等。

第六，防腐处理：在钢板表面涂刷养护涂料，如铅丹或其他防锈油漆，以增强钢板的防腐性能，延长使用寿命。

6. 表面抹灰修补裂缝

表面抹灰是一种修补方法，通常使用水泥浆、水泥砂浆、环氧基液及环氧砂浆等材料，涂抹在砖石砌体或混凝土表面的裂缝部位。

对于混凝土结构的修补，首先需将裂缝附近的混凝土表面凿毛，确保糙面平整。经洗刷并保持湿润后（注意不要留有水珠），使用1∶1～1∶2的水泥砂浆进行涂抹。涂抹前，混凝土表面应无流水，建议先涂刷一层纯水泥浆作为底浆（厚度0.5～1.0 mm），然后再抹上水泥砂浆。涂抹的总厚度一般为1.0～2.0 cm，根据需要可以一次完成或分几次进行。过厚的涂抹可能导致流淌或脱壳，而太薄则可能在收缩时引起开裂。待砂浆收水后，使用铁抹压实并抹光。配制砂浆时，所用砂子应为中细砂，水泥则推荐使用不低于32.5级的普通水泥。

在高温环境下，涂抹后3～4小时内应开始洒水养护，并避免阳光直射。冬季施工时，应注意保温措施，防止水泥砂浆受冻，因为受冻后的水泥砂浆强度会降低，严重时可能导致报废。养护时间建议根据具体环境和材料特性确定，一般不少于7天。

7. 表面喷浆修补裂缝

表面喷浆修补是在经凿毛处理的裂缝表面，喷射一层密实而且强度高的水泥砂浆保护层来封闭裂缝的一种修补方法。根据裂缝的部位、性质和修理要求与条件，可分别采用无筋素喷浆、挂网喷浆或挂网喷浆结合的凿槽嵌补等修补方法。

8. 深度较深混凝土表面缺陷修补

针对桥梁结构中出现的严重蜂窝、麻面、空洞以及缺损面积超过25 cm×25 cm、深度超过5cm的混凝土表面缺陷，应采取以下修补步骤。

（1）凿除构件中蜂窝或缺陷部位的表层松动混凝土，外露骨料，并进行钢筋除锈。同时，对修补部位进行凿毛处理，确保混凝土表面湿润且清洁。

（2）在修补面上均匀喷涂一层界面剂，以增强新旧混凝土之间的黏结力。

（3）在界面剂喷涂后、尚未完全凝固前，及时浇筑环氧混凝土，确保新旧混凝土的良好结合。

（4）修补完成后，在新老混凝土接缝表面各15 cm宽的范围内，使用钢丝刷除去所有软弱浮浆，并彻底冲洗干净。随后，涂抹两层环氧树脂封闭浆液。注意第二层涂抹的方向应与第一层垂直，以增强封闭效果。

（5）修补工作全部结束后，应立即开始养护，养护方法应与通常混凝土的养护方法相同，确保修补部位的强度和耐久性。

9. 钢筋锈蚀处理

混凝土的密实度、渗水性、含水量、含氯盐量、碳化深度、保护层厚度不足和开裂等缺损是导致钢筋锈蚀的诸多因素。反之，钢筋锈蚀又促使混凝土进一步破损。锈蚀较重的钢筋不能与混凝土很好黏结，影响钢筋和混凝土共同受力，而且埋置在混凝土中的锈蚀钢筋会继续氧化，锈皮膨胀致使混凝土构件裂纹损坏。因此，对钢筋表面的油渍、漆污和用锤敲击能剥落的浮皮、铁锈等均应清除干净。

（1）钢筋锈蚀处理流程。

第一，凿除露筋部位的剥落、疏松、腐蚀等劣化混凝土，对外露钢筋进行除锈处理。对于锈蚀面积达到钢筋面积 20% 以上的主筋，必须将其完全凿出。进行除锈处理后，在侧面焊接相同直径的接长钢筋，然后用环氧砂浆或环氧混凝土将结构修补平整。

第二，混凝土表层缺陷处理前，应对生锈钢筋进行除锈，缺陷处理后宜在修补范围及周边涂刷渗透型阻锈剂。

第三，阻锈剂的质量及性能指标应符合有关现行国家、行业标准的相关规定。

第四，新浇筑混凝土采用阻锈剂溶液时，混凝土拌和物的搅拌时间应延长 1 min；采用阻锈剂粉剂时，应延长 3 min。

（2）钢筋锈蚀处理方法。

第一，手工除锈。一般用各种钢丝刷、平铲、凿子或钢刮刀进行除锈。该方法劳动强度大，效率低，一般在工作量不大时采用。

第二，小型机械工具除锈。可使用风钻（或电钻）装上钢丝刷除锈，或用小风铲进行除锈，效率比全用手工除锈高。

第三，喷砂除锈。利用压缩空气使洁净干燥的石英砂粒通过专用喷嘴以高速度喷射于钢板表面，由于砂粒的冲击和摩擦，将旧漆膜、污垢、铁锈、氧化皮等全部除去。采用此法除锈效率高，质量好。其缺点是施工时粉尘危害人体健康。也有采用湿喷砂的，即水喷砂，它减少了粉尘，但要在水中加少量防锈剂，以保持钢件在短期内不生锈，其效果不如干喷砂。

（3）防锈措施。

第一，磷化及喷锌。喷砂后，如不及时涂漆，为防止重新生锈，需在钢料表面上加涂一道磷化底漆，形成一层不溶性的磷酸盐保护膜，即所谓磷化处理。它能增强漆膜和钢铁表面的附着力，防止锈蚀，延长油漆的使用寿命，但在磷化底漆上仍需涂底漆和面漆。经过除锈处理后的钢梁表面，特别是上盖梁，多采用喷锌或喷铝后再涂底面漆来增强钢梁的防锈能力，效果比较显著。喷锌或喷铝是将不锈的金属丝（如锌丝、铝丝等）送入金属喷涂枪内燃烧的高温火焰中，使其熔化，然后借压缩空气的气流，以相当高的速度将熔化的金属丝吹成极微细的雾点，喷射在已处理过的钢梁表面上，使钢梁表面喷上一层固结的金属层，在面上再涂聚氨基甲酸酶底漆二度、面漆四度，以达到防锈的目的，一般在空气中可以保持 50 年不锈。

第二，喷漆。钢梁用漆要按地区特点和部位的不同配套使用。油漆的种类很多，性能各不相同。底漆可选用红丹防锈漆或近年新研制的过氯乙烯聚氨醋底漆。面漆多用灰铝锌醇酸，也可用过氯乙烯聚氨醋面漆。过去涂漆多用手工，近年来广泛采用喷涂方法。喷漆是利用压缩空气在喷枪嘴处向负压，将漆流带出，分散为雾状，喷涂在钢梁表面上。喷漆优点是效率高，速度快，漆膜光滑平整，可适应不同形状的钢梁表面；缺点是油漆的利用率低，且为适于喷涂，需将油漆稀释到一定浓度，喷漆时喷雾大，影响工人健康。压缩空气应通过油水分离器，使之不含水分，否则漆膜易有斑点。

10. 深度较浅混凝土表面缺陷修补

对于面积小于 25 cm × 25 cm、深度小于 5 cm 的混凝土结构表面缺损，凿除松动混凝土，外露骨料，钢筋除锈，清除浮尘，喷涂阻锈剂及界面剂，涂抹聚合物水泥基材料进行修补。其步骤为：①做好修补面凿毛、清洁等准备工作。②将拌和好的聚合物水泥基材料用铁抹抹到修补部位，反复压光后，按普通混凝土要求进行养护。局部修补部位较深时，可在聚合物水泥基材料中掺入适量砾料，以增大强度和减少砂浆干缩。③在新修补的区域周围再涂上两层环氧树脂胶黏剂进行封闭处理，以防止以后出现收缩裂缝。

聚合物水泥基修补材料修补法具体做法如下。

（1）修补表面的处理。混凝土表面应凿毛，且保持洁净、干燥、坚固、密实和平整。

（2）涂抹环氧树脂基液。在老混凝土表面充分涂抹环氧树脂基液，能保持良好的黏结力。涂刷时，应力求薄而均匀，厚度不超过 1mm，可用毛刷人工涂抹，也可用喷枪喷射。为便于涂匀，还可以在基液中加入少量丙酮（3% ~ 5%）。已涂刷基液的表面，应注意保护，严禁杂物、灰尘落入。

（3）涂抹聚合物水泥基修补材料。涂刷基液后，间隔一定时间（30 ~ 60 min），将基液中的气泡清除后，再涂抹聚合物水泥基修补材料。平面涂抹时应摊铺均匀，每层厚度不宜超过 1.0 ~ 1.5 cm，底层厚度应在 0.5 ~ 1.0 cm，并用铁抹子反复压抹，使表面翻出浆液，如有气泡必须刺破压紧；斜、立面涂抹时，由于聚合物水泥基修补材料流淌，应用铁抹子不断压抹，并适当增加聚合物水泥基修补材料内的填料，使环氧砂浆稠度增大。厚度以 0.5 ~ 1.0 cm 为宜，如过厚应分层涂抹；顶面涂抹时极易往下脱落，在涂抹基液时，可使用黏度较大的基液，并力求均匀。环氧砂浆涂层的厚度以 0.5 cm 为宜，如超过 0.5 cm 时，应分层涂抹，每层厚度可控制在 0.3 ~ 0.5 cm，每次涂抹均需用力压紧。

（4）聚合物水泥基修补材料的养护。聚合物水泥基修补材料的养护与水泥砂浆不同，最重要的是控制温度。夏季工作面向阳时，应设凉棚，避免阳光直接照射。冬季温度太低，应加温保暖。一般养护温度以 20℃为宜，养护温差不超过 5℃；养护时间，在夏季一般 2 天即可，冬季则需 7 天以上。养护期的前 3 天，不应有水浸泡或其他冲击。

二、隧道的养护工作

公路隧道既是道路工程构造物又是地下工程结构。它涉及工程地质、结构力学、空气动力学、光学、自动控制和工程机械等多种学科，技术较为复杂。而且，公路隧道一般都处于崇山峻岭之中，无绕行可能，如果隧道内出现严重渗漏水、衬砌开裂或设施故障等情况，存在较大安全隐患，妨碍交通，甚至使得整个交通完全处于中断状态，造成恶劣社会影响。隧道主体结构为永久性建筑物。我国公路的隧道设计寿命为 30 年，但隧道作为地下工程建设其寿命应该大于 100 年。对公路隧道运营阶段的病害检测与治理应本着"预防为主、防治结合"的方针，加强预防性养护，加强公路隧道技术状况的调查，及时发现和消除隐患，保障行车安全、畅通与舒适，保持公路隧道正常的使用状态。由于公路隧道的规模、交通量、公路等级、地质情况、技术状况等差异性较大，从而其养护要求（内容、项目、频率）存在差异。为适应这种差异性的养护需求，应明确按照不同等级来进行隧道养护工作。同时应对公路隧道进行定期检查，根据检查结果对隧道技术状况进行评定，并根据隧道交通运营状况、结构和设施技术状况以及病害程度、围岩地质条件等，制定相应的养护计划和方案。公路隧道养护时，应建立隧道养护技术档案，运用信息化手段，建立公路隧道管理数据库，实现高效、科学地养护管理，并纳入公路信息化养护管理系统。公路隧道养护应积极采用新技术、新材料、新设备与新工艺，使养护维修达到安全实用、质量可靠、经济合理、技术先进的要求。

公路隧道养护是指为保持隧道土建结构、机电设施及其他工程设施的正常使用而进行的日常巡查、清洁维护、检查评定、保养维修等工作。根据公路等级、交通量、隧道规模、技术状况、地质和气候条件等因素，对公路隧道划分不同等级，实施差异化的养护标准和养护频率等。公路隧道养护范围应包括土建结构、机电设施以及其他工程设施，其中，土建结构包括洞口、洞身、衬砌、路面、防排水设施、斜（竖）井、检修道及风道等土木建筑工程结构物；机电设施指供配电设施、照明设施、通风设施、消防设施、监控与通信设施等隧道运行服务的相关设施。隧道土建结构的病害可以通过采取围岩加固、结构补强、局部更换等措施对其进行处理或加固，恢复其使用功能。

总体而言，我国公路隧道工程养护技术水平还较低、手段落后、信息化程度不高、管理滞后。为提高隧道养护质量和技术水平，有必要积极采用隧道养护新技术、新材料、新设备和新工艺，使我国隧道养护技术尽快达到较先进水平。

（一）隧道的结构检查

隧道检查主要是对构成公路隧道的土建工程结构物进行结构检查，其养护工作内容包括日常巡查、清洁、结构检查与技术状况评定、养护维修和病害处治等内容。结构检查分为经常检查、定期检查、应急检查和专项检查 4 类。表 6-8 为土建结构技术状况评定标准表。

表 6-8　土建结构技术状况评定标准表

状况值	评定因素			
	缺损程度	发展趋势	对行人、车辆安全的影响	对隧道结构安全的影响
0	无或非常轻微	无	无影响	无影响
1	轻微	趋于稳定	目前尚无影响	目前尚无影响
2	中等	较慢	将来会影响行人、车辆安全	将来会影响隧道结构安全

状况值	评定因素			
	缺损程度	发展趋势	对行人、车辆安全的影响	对隧道结构安全的影响
3	较严重	较快	已妨碍行人、车辆安全	已经影响隧道结构安全
4	严重	迅速	严重影响行人、车辆安全	严重影响隧道结构安全

1. 经常检查

经常性检查是对土建结构的外观状况进行的日常巡视检查并进行判定。通过经常检查，应及时发现问题，如早期破损、显著病害或其他异常情况，并确定对策措施。宜采用人工与信息化手段相结合的方式，配以简单的检查工具进行。高速公路和一级公路隧道的经常检查频率宜不少于 1 次 / 月，二级公路隧道宜不少于 1 次 /2 月，三级公路隧道宜不少于 1 次 / 季度。在雨季、冰冻季节或极端天气情况下应加强，发现严重异常情况时，应提高经常检查频率。

经常检查破损状况判定分三种情况：情况正常、一般异常、严重异常。检查中发现隧道存在一般异常情况时，应进行监视、观测或做进一步检查；若发现隧道存在严重异常情况时，应采取措施进行处治；对其产生原因及详细情况不明时，还应做定期检查或专项检查。

2. 定期检查

定期检查是按规定频率对隧道土建结构的技术状况进行全面检查，见表 6-9。通过定期检查，系统掌握结构基本技术状况和功能情况，评定土建结构技术状况，为制订养护工作计划提供依据。检查需配备必要的检查工具或设备，进行目测或量测检查，及时填写定期检查记录表，并保留必要的照片资料。定期检查时，应尽量靠近结构，依次检查各个部位，注意发现异常情况和原有异常情况的发展变化。对于有异常情况的结构，应在其适当位置做出标记，检查结果记录宜量化。检查的周期宜 1 次 / 年，最长不得超过 1 次 /3 年，检查宜安排在春季或秋季进行。新建隧道应交付使用 1 年后进行首次定期检查。

表 6-9　定期检查的内容表

项目名称	检查内容
洞口	山体滑坡、岩石崩塌的征兆及其发展趋势；边坡、碎落台、护坡道的缺口、冲沟、潜流涌水、沉陷、塌落等及其发展趋势
	护坡、挡土墙的裂缝、断缝、倾斜、鼓肚、滑动、下沉的位置、范围及其程度，有无表面风化、泄水孔堵塞、墙后积水、地基错台、空隙等现象及其程度
洞门	墙身裂缝的位置、宽度、长度、范围或程度
	结构倾斜、沉陷、断裂范围、变位量、发展趋势
	洞门与洞身连接处环向裂缝开展情况、外倾趋势
	混凝土起层、剥落的范围和深度，钢筋有无外露、受到锈蚀
	墙背填料流失范围和程度

续表

项目名称	检查内容
衬砌	衬砌裂缝的位置、宽度、长度、范围或程度，墙身施工缝开裂宽度、错位量
	衬砌表层起层、剥落的范围和深度
	衬砌渗漏水的位置、水量、浑浊、冻结状况
路面	路面拱起、沉陷、错台、开裂、溜滑的范围和程度，路面积水、结冰等范围和程度
检修道	检修道毁坏、盖板缺损的位置和状况，栏杆变形、锈蚀、缺损等的位置和状况
排水系统	结构缺损程度，中央窨井盖、边沟盖板等完好程度，沟管开裂漏水状况；排水沟（管）、积水井等淤积堵塞、沉沙、滞水、结冰等状况
吊顶及各种预埋件	吊顶板变形、缺损的位置和程度；吊杆等预埋件是否完好，有无锈蚀、脱落等危及安全的现象及其程度；漏水（挂冰）范围及程度
内装饰	表面脏污、缺损的范围和程度，装饰板变形、缺损的范围和程度等
标志、标线、轮廓标	外观缺损、表面脏污状况，连接件牢固状况、光度是否满足要求等

定期检查完成后，应编制土建结构定期检查报告，内容包括检查记录表、隧道展示图及相关调查资料，对土建结构的技术状况评价，对土建结构的养护维修状况的评价及建议，需要实施专项检查的建议，需要采取处治措施的建议。

3. 应急检查

应急检查是隧道遭遇地震、洪水等自然灾害、发生交通事故、起火爆炸或出现其他异常事件后，其结构严重损坏时，对遭受影响的结构立即进行的详细检查。应根据受异常事件影响的结构，决定采取的检查方法、工具和设备。检查的内容应针对受异常事件影响的结构或结构部位做重点检查，并掌握其情况。

应急检查的方法与定期检查基本相同，应按定期检查的标准判定，检查结果的记录与定期检查相同。检查的内容比定期检查有所侧重，主要针对异常事件的影响而展开。检查的目的是了解异常事件对结构的影响，掌握结构受损情况，确保人员、车辆、结构和设施的安全，是特殊情况下的检查，需尽快实施。检查结果异常或难以判明破损的原因、程度等情况时，应进行专项检查。检查完成后，应编制应急检查报告，总结检查内容和结果，评估异常事件的影响，确定合理的对策措施。

4. 专项检查

专项检查是根据经常检查、定期检查和应急检查的结果，或者通过其他途径，判断需要进一步查明缺损或病害的详细情况而进行的更深入的专门检测、分析等工作。专项检查宜委托具有相应检测资质的专业机构实施。检查人员应对有关的技术资料、档案进行调查，并对隧道周围的地质及地表环境等展开实地调查，以充分掌握相关的技术信息，寻找结构发展变化的原因，探索其规律，确保专项检查结果的准确性。检查的项目、内容及其要求，应根据定期检查或特别检查的结果有针对性地确定，见表 6-10。

表 6-10　公路隧道专项检查项目表

检查项目		检查内容
结构变形检查	公路线形、高程检查	公路中线位置、路面高程、缘石高度以及纵、横坡度等测量
	隧道横断面检查	隧道横断面测量，周壁位移测量（与相邻或完好断面比较）
	净空变化检查	隧道内壁间距测量（自身变化比较）
裂缝检查	裂缝调查	裂缝的位置、宽度、长度、开展范围或程度等
	裂缝检测	裂缝的发展变化趋势及其速度，裂缝的方向及深度等
漏水检查	漏水调查	漏水的位置、水量、混浊、冻结及原有防排水系统的状态等
	漏水检测	水温、pH 值检查、电导度检测、水质化学分析
	防排水系统	拥堵、破坏情况
材质检查	衬砌强度检查	强度简易测定，钻孔取芯，各种强度试验等
	衬砌表面病害	起层、剥落、蜂窝、麻面、孔洞、露筋等
	混凝土碳化深度检测	采用酚酞液检查混凝土的碳化深度
	钢筋锈蚀检测	剔凿检测法、电化学测定法、综合分析判定法
衬砌及围岩状况检查	无损检查	无损检测衬砌厚度、空洞、裂缝和渗漏水等，以及钢筋、钢拱架、衬砌配筋位置及保护层厚度、围岩状况、仰拱充填层密实程度及其下岩溶发育情况
	钻孔检查	钻孔测定衬砌厚度等，内窥镜观测衬砌及围岩内部状况
荷载状况检查	衬砌应力及拱背压力检查	衬砌不同部位的应力及其变化、拱背压力的分布及其变化
	水压力检查	地下水丰富的隧道检查衬砌背后水压力大小、分布及变化规律

通过专项检查，应完整掌握破损或病害的详细资料，为其是否采取某种处治措施等提供技术依据。对严重不良地质地段、重大结构病害或隐患处，宜开展运营期长期监测，对其结构变形、受力和地下水状态等进行长期观测。监测频率宜取经常检查的频率，发现监测参数在快速发展变化时，观测频率应提高。检查完成后，应编制专项检查报告。报告的内容应包括以下三个方面。

（1）检查的主要步骤，包括检查的组织实施、时间和主要工作过程等。

（2）所检查结构的技术状况，包括检查方法、试验与检测项目及内容、检测数据与结果分析以及对破损结构的技术评价等。

（3）对缺损或病害的成因、范围、程度等情况的分析及其维修处治对策、技术以及所需资金等建议。

（二）有衬砌隧道的养护技术

隧道维护工作包括洞身、洞门、路面和两端路堑、防护设施、排水系统、洞口减光设施以及通风、照明、标志、标线、监控、消防、防冻、消声等设施的检查、保养、维修和加固。隧道常见病害的原因包括：松弛土压（含突发性崩溃）、偏压、地层滑坡、膨胀性土压、承载力不足、静水压、冻胀力、材质劣化、渗漏水、衬砌背面空隙、衬砌厚度不足、

118

无仰拱。

上述病害原因很少单独出现，大部分为几种原因重复出现，设计的欠缺、材料性质和施工不当常常会引起病害。在选定病害处治方法时，应充分考虑单项和组合的处置方法，并且应考虑施工时的交通管理、安全和工期。若存在结构失稳风险，对施工人员和行人、行车安全均有威胁，则有必要将风险管理引入病害处治工程中，并制订专门的应急预案。

1. 注浆养护技术

（1）注浆孔布置。根据专项检查的结果，注浆孔的布置为：当衬砌背面在拱顶附近有较多的空隙时，最佳注浆方式宜将注浆孔布置在拱顶中部；在单向行驶的隧道，当有车道规定时，可采用分上下线的注浆布置。

（2）注入材料。可使用水泥浆、水泥砂浆、加气水泥稀浆、加气水泥砂浆。

（3）衬砌背面注浆施工。可按在衬砌上钻孔中安装注浆嘴注浆，封闭注浆孔的顺序进行。当浆液从衬砌施工缝、裂缝等处流出，可采用快凝砂浆堵塞流出部位；当不能止住漏浆时，应中断注浆，待浆固结后再继续注浆；当浆液向注浆范围外流失时，应在注浆范围的边界设止浆墙。止浆墙的间距一般应根据注浆的实际情况适当调整。

（4）注浆作业。应重视材料质量管理和注浆质量的施工管理。

（5）注浆质量检查。可采用钻孔取芯、超声波检测和雷达检测等方式进行。

2. 喷射混凝土处治技术

（1）喷射混凝土的种类。应根据病害程度和施工条件等因素进行选择，其主要类型为素混凝土、钢筋网喷射水泥砂浆、钢筋网喷混凝土、钢纤维混凝土、玻璃纤维混凝土。

（2）喷射混凝土必须有足够的强度和附着率。其配合比应根据处治要求和不同的材料通过实验确定。

（3）喷射混凝土的施工。必须使衬砌与喷层紧密结合，形成整体，不得产生分离或脱落，必要时加连系钢筋；采用钢纤维混凝土时，应研究其可施工性和喷射效果，必要时可通过实验确定；当采用钢筋网喷射混凝土时，钢筋必须有合适的保护层厚度，防止金属网锈蚀、喷层裂纹和剥落；当喷射混凝土作业完成后，应对喷射层进行检验。

3. 防护网加工技术

当材料劣化导致衬砌开裂时，为防止掉落，可在衬砌表面设置防护网，具体如下。

（1）材料可采用 $\varphi 8$ 钢筋焊接成钢筋网，网眼尺寸可采用 5 cm×5 cm。

（2）施工前应凿除衬砌表面已起层、剥离的劣化部分。

（3）防护网可用锚栓固定在衬砌表面上，应固定牢靠。

4. 套拱加固技术

当隧道或裂缝区域较大，衬砌承载能力严重不足或衬砌厚度不足，年久变质，腐蚀剥落严重，危及洞内交通安全，但隧道净空富余时，可采用套拱加固的方法进行处治。其设计施工方法应注意以下事项。

（1）套拱设计不得侵入建筑限界。

（2）为确保衬砌与套拱结合牢固，施工前应凿除衬砌劣化部分，深度一般为 1～2 cm；衬砌内面应涂抹界面剂，并设置连系钢筋；当套拱厚度较大时，可在套拱与衬砌之间设置防水层。

（3）新旧拱圈间应填满水泥砂浆，必要时可加锚固钉联系。

（4）为保证隧道的净高符合规定，如加套拱后净高不足，可适当降低洞内路面。

5. 防冻保温技术

在寒冷地区，应在衬砌表面设置防冻保温层防止衬砌产生冻害。防冻层损坏可用同样的轻质膨胀珍珠岩混凝土或浮石混凝土修补；无防冻层的，可在大修、改善时加筑。

6. 锚杆加固技术

当松弛压力、偏压等引起隧道结构病害时，可采用锚杆进行加固。

（1）锚杆按固定形式。可分为锚头式锚杆和黏结式锚杆。锚头式锚杆只限于硬岩和中等硬度岩层中使用，黏结式锚杆可适用于硬岩和软岩地层。

（2）锚杆必须保证有足够的锚固力。在施工中应对锚杆作拉拔试验，确保达到设计要求。

（3）采用自进式锚杆。一般可注入水泥砂浆；地质恶化时，可注入聚氨酯、硅树脂，以便岩体得到改善。

7. 综合治理技术

当隧道漏水时，应根据专项检查的结果和对隧道地质环境状况的分析，采用综合治理措施进行漏水处置。

（1）当隧道局部出现涌水病害时。宜采用排水法处治，排水边沟的设置间距应根据涌水量的大小和位置等情况确定。排水法可采用设置排水管和开槽埋管两种施工方法，其施工应注意：排水管道不得阻塞，排水管材料应具有抗老化性；当采用开槽埋管法时，衬砌表面可用氯丁橡胶等材料覆盖；当采用外置排水管时，可用固定装置将 U 形排水管固定在衬砌表面，将水引入管内排出；外置排水管的设置不得侵入建筑限界，并严禁在设置机电设施的地方开槽排水；设置外置排水管应尽量减少对隧道外观的损坏。

（2）当地下水沿衬砌施工缝或裂纹以滴水形式漏出时。可用注浆止水法，包括不开槽向裂纹注浆和开槽向裂纹注浆，其施工应注意：注浆应根据现场的漏水情况，选择适合的处理和配合比；注浆的范围应根据漏水的面积合理确定，防止注浆后水从另一处漏出。在裂纹处注浆，应选择可追随裂纹扩展的材料，如有机浆液中的水溶性聚氨酯液；在漏水情况下，应选择亲水性的止水材料。

（3）当涌水量小且呈表面渗透状时，可设置防水板进行处置。防水板一般有聚氯乙烯（PVC）、聚乙烯（PE）、乙烯醋酸共聚物（EVA）、橡塑、橡胶板等，材料应具有耐热和耐油性。施工时应注意：防水板的设置应根据隧道断面尺寸确定，确保规定的建筑限界；施工前应清除粉尘，并保护好电缆设施；防水板的搭接处理牢固、不漏水；有裂纹需要观察的部位可设置进行检查的观察窗。

（4）当隧道内出现喷射状漏水时。宜采用衬砌背面注浆的方法处置，施工时应注意的事项包括：①为使注浆材料能充填背面空隙和岩体裂缝，应选择初期黏度低的注浆材料；②材料固化或胶化后，应立即具有高强度、不收缩、不分离和不透水特性，并充分保持稳定；③采用拌和应简单易行，固化或胶化时间易于调整；④注浆材料严禁含有污染环境的有害物质；⑤注浆压力可能造成裂纹的扩展，应根据衬砌的抗压强度适当控制注浆压力；⑥注浆后为降低地下水位，应在侧墙处设置排水孔，排水孔与水沟之间可用导管连接。

（5）当隧道处于含水地层中时，地下水位较高，可用降低围岩地下水位的方法处置。

（6）降低地下水位。可采取设置排水孔、加深排水沟、设置水平钻孔等方法排水。应采用过滤性能良好的材料，防止排水孔的堵塞；应根据地下水位确定排水沟加深的深度；排水孔和排水沟之间应有管道联系；排水钻孔的设置必须根据围岩的地质条件和地下水状况确定。

（三）无衬砌隧道的检查与养护

（1）勤检查，及时处理松动、破碎危石。无衬砌隧道的围岩在长期使用过程中，由于岩石松动或受风化、行车振动等影响，围岩发生破碎，产生危石、渗漏水等病害，应及时处置，以保证行车和人身安全。

（2）处置围岩破碎和危石原则。对于无衬砌隧道上的破碎、松动的危石，应本着少清除、多稳固的原则，可采取这些措施：①发现危石，如能清除的应及时清除，对因清除会牵动周围大片岩石的，则可喷浆或压浆稳固；②对不宜清除的小面积碎裂，可抹水泥砂浆稳固；③碎裂范围较大时，根据病害程度及范围，可采用喷射混凝土、锚喷混凝土或挂网锚喷混凝土稳固；④对不能清除又无法压浆稳固的个别危石，应及时用混凝土或浆砌石垛墙做临时支撑，以确保安全，然后，根据垛墙侵占隧道净空的具体情况、隧道所在的公路性质和交通量大小，研究永久性治理措施。

（3）隧道内孔洞、溶洞或裂缝处理。隧道内的孔洞、溶洞或裂缝均应封闭。封闭前，将松动的岩石清除。对内小外大的孔洞，可在孔洞外石壁上埋设牵钉、挂钢筋网，喷射或浇筑水泥混凝土封闭。对内大外小的孔洞，用素混凝土封闭。有水的孔洞，应预埋泄水孔接引水管，将水从边沟排出。

（四）隧道围岩滑动、破损和坍塌养护技术

（1）对危及隧道安全的山体滑动治理。修建挡土墙，进行保护性填土，使山体受力平衡；保护性开挖洞顶部分山体，减轻下滑重力；在滑动面以上土体不厚的情况下，可在

滑动面下端设置锚固桩抗滑。

（2）对危及隧道安全的山坡岩石破损的治理。隧道处山坡岩石如节理发育、风化严重或有坑穴、溶洞、裂缝现象时，应对地表做下列防护性封闭：用浆砌片石、石灰土、黏土等填补洞穴、封闭裂缝，整修地表，稳固山坡；地表岩石松散破碎时，可喷射水泥砂浆固结。

（3）危及洞口安全的山坡坍塌的治理。根据实际边、仰坡岩（土）质及高度，整修坡率，如坡率无法修整，可局部加筑护面墙或挡土墙；根据具体条件，边、仰坡用绿色植物进行防护；增建或疏通边、仰坡的排水系统。

（五）隧道排水设施养护技术

公路隧道病害最常见的病害形式是水害，素来有"十隧九漏"之说。隧道渗漏水、积水，将会造成衬砌开裂或使原有裂缝发展扩大，加重衬砌裂损。当地下水有侵蚀性时，会使衬砌混凝土产生侵蚀，并随着渗漏水的不断发展，混凝土受侵蚀危害日益严重。在寒冷地区，水是影响隧道围岩冻胀和导致衬砌开裂的重要因素。

1. 公路隧道的水害处治

（1）隧道水害的成因。隧道水害的成因是修建隧道破坏了山体原始的水系统平衡，隧道成为所穿越山体附近地下水聚集的通道。在工程勘测设计过程中，若对隧道项目工程地质及水文地质情况了解得不够仔细，对衬砌周围地下水源、水量、流向及水质勘察不全，加之缺乏反映防水材料性能的室内实验数据和对结构抗渗、抗腐蚀的具体要求以及施工和监理中存在的问题、防水材料质量不过关都可能会引发隧道水害问题。

（2）隧道水害的处置方法。隧道治水的具体措施就是防、排、堵、截相结合，刚柔相济，因地制宜，综合治理，使之既能自成体系又能互相配合，形成一个完整的隧道防治水害体系。水害的处置方法主要有以下内容。

第一，完善或者补充地表和地下截水。

第二，在垭口和地质不利的地方采取截留和引排，使水远离隧道。

第三，贯通隧道内的原有排水系统。

第四，衬砌背面注浆。

第五，在渗漏水的衬砌设置排水设施，包括引水管、泄水管和引水渡槽。

第六，在衬砌内贴防水层。

第七，在施工缝和变形缝处用止水带、遇水膨胀橡胶等密封防水材料进行封堵。

第八，对严重漏水的隧道应采取套拱加固。

2. 公路隧道的排水措施

（1）隧道洞外的排水设施。

第一，有坡度的隧道上，洞口路基边沟及两侧沉砂井应经常清除泥沙杂物，疏导畅通。

如地形条件许可，可将边沟纵坡改建成与路面纵坡方向相反，即向洞外方向倾斜，并在适当地点横向排出路基，使上洞口路基排水不会流向隧道，以避免引起隧道内边沟淤塞。隧道上洞口的路堑，如出现路面地表水来不及流入侧沟而流入洞内时，可在洞门外 1m 左右处设横向截水设施，并将沟水妥善引出。

第二，沿河隧道在洪水季节可能进水时，可临时封闭两洞口，以确保隧道安全。洪水过后，立即拆除封闭物。

第三，隧道顶山坡上的地表水应使其迅速排走，尽可能不使水渗入洞身，可采取的措施有：隧道处山坡岩石如节理发育、风化严重或有坑穴、溶洞、裂缝等现象时，应对地表做防护性封闭，修建截水沟、排水沟使水流顺势排至洞口远处；位于隧道顶山坡的水渠，应经常检查其渗漏水状况，发现渗漏水，应及时处置。

（2）隧道洞内排水设施。

第一，增设衬砌背面排水系统，即在边墙内加设竖向盲沟及泄水管，将渗漏水引入隧道的边沟内排出。

第二，对于裂缝集中处的漏水，可将各漏水缝向选定的排水集中点开凿八字形沟槽，视漏水量的大小，用可透水软管嵌入八字形沟槽内，同时填抹速凝砂浆稳固；排水集中点埋入一段硬塑管，并用砂浆稳固。在硬塑管外接一排水管，并固定在侧墙上，使漏水排入边沟。

第三，对于工作缝处漏水，可加设工作缝环形暗槽，将漏水通过暗槽内的半圆管排入纵向边沟。以工作缝为中心，开一个宽 15 cm、深 10 cm 的槽，清槽，涂沥青一遍；布设玻璃布半圆管，用螺栓将其固定在槽壁上，在半圆管外侧涂抹快凝砂浆；在快凝砂浆外侧布设铁窗纱两道。用防水砂浆将槽口封平。

第四，对少量渗水，可抹防水砂浆封闭，也可在衬砌表面铺一层防水层。防水材料可用水泥或树脂类材料，但应注意不应使其承受水压。防水层外面还可喷一层水泥砂浆或水泥混凝土保护层。

第五，在围岩与衬砌间压注防水水泥砂浆或水泥浆，可掺入早强速凝剂，形成密闭层以防渗漏，但应注意不得在衬砌背面有排水设备的部位压浆。

第六，设表层导流管，即将漏水量大的裂缝走向开凿成喇叭形沟槽，嵌入半圆管接水，管底水泥砂浆稳固，用引水管将漏水排入边沟。

第七，无衬砌隧道需加修衬砌前，应根据隧道渗漏水的具体情况，先做好防水、排水设施，然后加修衬砌。

（3）地下涌水处理措施。对地下涌水可采取的措施有：设横向盲沟并加深纵向排水沟，当涌水量大，必要时还可加修路中心排水沟；修建水泥混凝土路面，并在路面下设隔水层，以阻断地下涌水；在路面与围岩之间压注防水水泥砂浆或水泥浆，在围岩与衬砌之间压注防水水泥砂浆或水泥浆，可掺入早强速凝剂，形成密闭层以防渗漏。

第二节　公路自然灾害的防治工作

在公路维护中，对水毁、大雾、冰冻、雨雪及风沙等灾害的预防占有重要的位置。日常的维护工作中，要注意调查研究、积累资料，针对不同的灾害特点采取相应的措施，以"预防为主，防治结合"，保障高等级公路的正常运营。

一、水毁的预防、抢修与治理

水毁是指暴雨、洪水对公路造成的各种损毁。水毁预防是在雨季和洪水来临之前为防止或减轻暴雨和洪水对公路的危害而进行的工作。防洪应根据当地的水文气候条件、季节特点、公路状况，分析掌握公路、桥涵的抗灾害能力，选择必要的预防措施和应急抢修技术方案。对于重要工程和水毁多发路段，宜事先储备必要的材料和机械设备，一旦发生毁阻，应及时组织抢修，以保证高等级公路正常通行。在抢修时，应充分利用抢修工程，争取抢修时间，降低费用。

（一）水毁的预防

1. 洪水前检查及材料储备

（1）洪水前检查和防治的基本经验。公路水毁应坚持以"预防为主，防治结合"的原则，雨前抓预防，雨中抓检查，雨后抓恢复，做到提前预防，积极抢修，彻底根治，从而增强公路本身的抗洪能力。在日常维护工作中，以疏导为主，及时消除堵塞物。从检查水毁隐患入手，思想上高度重视，在人力、物力上提前做好准备。

（2）雨季前应做的准备。每年雨季前进行一次预防水毁的技术检查，内容包括：①河流上游堆积物、漂浮物情况；②桥梁墩台、调治构造物、涵洞、引道、护坡基础和挡墙基础有无被冲空或损坏；③桥下有无杂草、树枝、石块等杂物堆积，涵洞、透水路堤有无淤塞；④河床冲刷情况和傍河路段急流冲击处有无基础被淘空或下沉现象；⑤陡边坡路段的路基有无松裂；⑥边沟、盲沟、跌水等排水系统有无淤塞，路拱度、路肩横坡度是否适当，路肩上的临时堆积物是否阻碍排水；⑦维护管理生产、生活用房屋等沿线设施的基础有无掏空沉陷，墙体有无破裂、倾斜、剥落，屋顶有无漏水等现象。

针对查出的水毁隐患，制定具体防治措施。预防性工程必须赶在雨季前完成，以防患于未然。另外，需要加强日常维护工作，不断完善排水系统和防护设施，发现隐患或薄弱环节，立即消除，做到"堵小洞，防大害"。

（3）雨季应加强观测。观测洪水的目的，是掌握洪水的动态，分析判断洪水对公路的危害程度；注意水文观测中获得的水文资料，可作为以后进行公路改建和加固的依据。

观测内容，主要包括：①大桥以及处于不良河床上的中、小桥应作水位变化、河床断面、洪水的流速、流向以及洪水通过时特征（如浪高、漂浮物等）的观测；②对于一般的桥梁，只观测和记录当年的最高洪水位；③对于导流坝、排水坝、丁坝和护岸调治构造物，则要观察其洪水流过时的工作情况。

（4）建立制度，备足材料设备。每年汛期到来之前，应储备抢修所需用的材料、机具以及救生、照明和通信设备等，以备急需。雨季养路要认真贯彻"四防、三勤、二及时"的原则。①四防：防塌、防冲、防滑、防浮。②三勤：勤保养、勤检查、勤巡路。③二及时：及时汇报、及时抢修。

第一，雨季值班制度。在雨季，各级公路管理部门都要建立日夜值班制度。发生水毁应立即向公路管理部门及上级管理部门汇报，并调配劳力、材料、机具进行抢修。

第二，雨天巡路制度。在雨天和洪水期间，公路维护部门应建立日夜巡路制度，及时发现和处理小型塌方、缺口和边沟阻塞等。如发现较大的水毁灾情，应立即向上级汇报，在水毁地点两端树立危险警告标志，以保证交通安全。

第三，报告制度。维护管理部门在接到水毁阻车报告后，要立即派人落实组织抢修同时向上级主管部门报告，并通知有关运输部门。报告内容包括路线名称、地点桩号、工程项目、水毁情况、损失数量、抢修情况和预计恢复通车时间，以及需要的劳力、机具、抢修费用。

2. 防洪中巡查及排险

（1）巡视检查的目的。在防洪中，为及时发现因洪水对公路及其附属设施的破坏和对交通的影响情况，应准确地掌握、收集、分析和判断公路洪期路况和交通信息，以便及时采取相应对策或向上级主管部门汇报，供主管部门及时作出决策，保证交通畅通。

（2）巡查及排险的主要内容。巡视和检查可分为日常巡视、夜间巡视、定期检查和特殊检查4种。

第一，日常巡视：平常为掌握公路路况和交通运行状况等进行的巡视。

第二，夜间巡视：为检查夜间照明和标志、标线等技术状况进行的巡视，平时每月进行1次，汛期每周1次。

第三，定期检查：为掌握公路及其附属设施的技术状况，制订维护工程计划和评定公路使用质量而实施的检查。

第四，特殊检查：在发生大的洪水、台风、地震等自然灾害和有可能对公路及其附属设施造成较大破坏的异常情况时所进行的检查。

（二）水毁的抢修

公路水毁紧急抢修要做到：采取应急措施，不使水害扩大；尽快抢修，维持安全通车。

1. 路基

如路基发生一般水毁塌陷，应迅速使用已备好的土料进行修补，如路基行车部分已泥泞难行，应将稀泥挖出，撒铺砂粒维持通车。

（1）路基塌陷的抢修方法。对于靠近河流、湖塘及洼地的路基，因洪水猛涨并不断冲刷路基，使路基发生塌陷时，可以根据具体情况，适当采用以下四种方法进行抢修。

第一，在受水冲刷的部分抛石笼、砂袋、土袋等。

第二，在受水浪冲击的部分，用绳索挂满芦苇编成的芦排或带树头的柳树，以防水浪冲打。

第三，在路基边坡已大部分塌陷毁坏部分，顺路方向每米打一根木桩，桩里面铺设秸料或树枝，并填土挡水或用草袋装上砂石、黏土等材料填筑。

第四，在被洪水淹没危险时，可在临河一面的路肩上，用草袋或黏土筑成土埂临时挡水。

（2）排水的方法。根据漫水的深度、路基宽窄、材料取运难易，可适当采用以下三种排水方法。

第一，填土赶水法。路基漫水长度不大、漫水深度在 0.3 m 以下时，可以直接从两头填土将水赶出，填土厚度要比现有水面再高 0.3 ～ 0.5 m。填土后先将表层维持通车或填砂砾、碎砖、炉渣等矿料，提高路基以维持通车。

第二，打堤排水法。如路基漫水较长、漫水深度在 0.5 m 以下时，可在漫水路段的两侧路肩上，用草袋装土填起两道土堤，先将路基上面的水围起来，然后将土堤里面的水排出，露出原路面后，有的可以直接通车。如土壤湿软时，可以再撒铺一层沙或碎砖、炉渣后再维持通车。

第三，打桩筑堤排水法。如路基漫水深度在 1 m 左右时，可采取打桩筑堤。每道堤必须先打两行木桩。间距和行距都是 1 m 左右。木桩直径一般为 10 ～ 15 cm。打好木桩后，在桩里面铺秸料，然后在中间填土压实，达到堤不漏水。然后再将围起来的水从路上排出，并在原路上铺一层砂料、碎砖等维持通车。

2. 桥涵等构造物

漂浮物通过桥下时，用竹竿、钩杆等引导其顺利通过桥孔，防止其聚集在桥墩附近。堵塞在桥下的漂浮物必须随时移开捞起。

桥涵墩台、引道、护坡、锥坡或河床发生冲刷危及整个构造物时，应采取紧急防护措施，如抛石块、砂袋及沉放柴排等，但不能抛填过多，以免减少泄水面积而增大冲刷。抛填块石时，可沿临时设置的木槽滑下，以控制抛填位置。

遇有特大洪水，采取防护措施不能保全的重要桥梁，若遇紧急情况可经上级主管部门批准，用炸药炸开桥头引道，以增加泄水面积，保护主桥安全度汛。

冲毁的路基、桥涵需立即抢修便道、便桥。便道便桥是维持通车的临时措施，能够保证在使用期间的行车安全即可。便桥可用打桩或石笼做桥墩，并不宜过高，应尽量节省费用，以免增加施工困难和拖延时间。

（三）水毁的治理

1. 塌方、滑坡

雨季或暴雨过后，由于水的渗入、土的黏聚力降低或坡脚被冲刷掏空，在自重或外界荷载的作用下导致坡面局部失稳出现塌方，情况严重的甚至会出现整体坡面失稳，出现坡面滑塌。

塌方、滑坡的治理，具体如下。

（1）排水治理。在塌、滑体上方，按汇水面积及降雨情况，结合地形设置一道或几道截水沟，使地表水全部汇入截水沟，引至路基边沟或涵洞排出。塌、滑体内地下水丰富且层次较多时，可设支撑盲沟，用于排水和支撑。当塌、滑体上方有地下水时，在垂直于地下水流的方向设截水盲沟，将地下水引向两侧排出。

（2）设置构造物，维持土体平衡。若滑坡体下有坚实基底，且滑坡体推力不大，可设置抗滑挡土墙。挡土墙尺寸应经过计算确定；若滑坡体底部有未扰动层，可打桩阻止塌体滑动。桩的间距及打入深度应经过计算确定。

（3）稳定边坡。①土质边坡可植草皮，风化石质或泥质页岩坡面可植树种草，利用植物根系固定表土，并减少地表水下渗。②在岩石风化碎落坡面区，可用表面喷浆、三合土抹面或黄泥拌稻草抹面；土质坡面可采取铺砌块石护坡。③根据边坡地形特点和地质条件，采用刷方减缓坡度或在滑坡体上部挖去一部分土体，减轻滑坡体重力，以减少下滑力、增强滑坡体的稳定性。

2. 泥石流

在山岭地区，暴雨或融雪水挟带大量土、石等固体物质汇入沟谷，形成突然的、短暂的、间歇的破坏性水流称为泥石流。泥石流是在坡面土体疏松、植被稀少、边坡陡峻（30°～35°以上）、细沟微谷发育条件下，由大强度暴雨或融雪水的作用而形成的。

泥石流的治理如下。

（1）在泥石流形成区，采用平整山坡、填塞沟缝、修建阶梯、土埂等控制水土流失和滑坍发展。

（2）在泥石流流通区，在地形、地质及储淤条件较好处，可修建拦挡坝或停淤场。

（3）当桥梁跨过泥石流的山前堆积体离其顶端很远时，可根据实际情况采用挑导坝、丁坝、导流堤相结合的综合调治措施。

（4）路侧的小量泥石流应在路肩外缘设置碎落台或修建挡土墙，并随时清除冲积的泥沙。

3. 沿河路基水毁

沿涧路基水毁成因，主要包括：①受洪水顶冲、淘刷的路段路基缺少必要的防护构造物；②路基防护构造物基础处理不当或埋置深度不足而破坏，引起路基水毁；③半填半挖路基地面排水不良，路面、边沟严重渗水，路基下边坡坡面渗流普遍出露，局部管涌引起路基塌垮；④风浪袭击路基边坡，边坡过量水蚀而垮塌。

沿河路基水毁的治理措施如下。

（1）不漫水丁坝防治路基水毁。不漫水丁坝防治沿河路基水毁具有防护长度大、自身遭水毁时易于及时抢修、不造成被保护路基水毁而中断交通的优点。

（2）漫水丁坝防治路基水毁。漫水丁坝具有坝身短矮、基础埋置深度浅、易于施工、既有良好的防护作用又能提高自身安全的优点。

（3）浸水挡土墙防治路基水毁。浸水挡土墙既是支撑路基填土以防填土变形失稳，又是防止路基因水流冲刷或淘刷而失稳的构造物。

4. 桥梁水毁

桥梁受洪水冲击，墩台基础冲空危及安全或产生桥头引道缺、断，乃至桥梁倒塌，称为桥梁水毁。主要成因有两个：①桥梁压缩河床、水流不顺，桥孔偏置时，缺少必要的水流调治构造物；②基础埋置深度浅，又无防护措施。

桥梁水毁治理措施如下。

（1）稳定、次稳定河段上桥梁水毁防治。在稳定、次稳定河段上，桥梁水毁防治措施可根据调整桥下滩流、河床冲淤分布的实际需要，以及水流流向等分别情况加以选择。

（2）不稳定河段上桥梁水毁防治。在不稳定河段上，桥梁水毁防治可根据河岸条件、河床地貌以及桥孔位置等分别情况采取下列措施。

第一，桥梁位于出山口附近的喇叭形河段上，封闭地形良好，宜对称布置封闭式导流堤。

第二，引道阻断支岔，上游可能形成"水袋"。为控制洪水摆动，防止支岔水流冲毁桥头引道，视单侧或双侧有岔及地形情况，可对称或不对称设置封闭式导流堤。

第三，一河多桥时，为防止水流直冲两桥间引道路基，可结合水流和地形条件，在各桥间设置分水堤。

第四，桥梁位于冲积漫流河段的扩散淤积区，一河多桥而流水沟槽又不明显时，宜设置漫水隔坝，并加强桥间路堤防护。

二、大雾的危害及防治

（一）大雾对公路的危害

雾是空气中接近地面后水蒸气遇冷凝结后形成的漂浮在大气中的大量粒状水或冰晶，它弥漫在大气中，能见度减弱，使视野不清，难以正确判识路上标志、标线或其他信号，影响汽车行驶在道路上的速度与安全，造成交通阻塞，甚至发生事故，造成财产损失和人员伤亡。高速公路上车辆密度大、车速快，事故发生时会产生连锁反应，形成追尾连环相撞，往往多辆车相撞、人员伤亡惨重，造成特大交通事故，迫使高速公路暂时封闭，严重影响高速公路的正常运营。

雾是有地区性、季节性和时限性的，它多在大河、山区和个别特殊地形区域内出现。因此，人们应了解雾的规律性及其特点，采取一定措施加以防范，化解一些不利因素，提高运行的安全度，减少及减轻事故发生。由于大雾，部分水蒸气凝结在路面上，造成路面潮湿，冬季易形成一层薄冰，使路面的摩擦系数降低，对高速公路行车造成潜在危险。尤其在桥涵通道上下凌空处，路面薄冰多，也是事故多发地，往往易造成车辆追尾和侧向滑移甚至翻倒，这也是冬季雾天防范的重点部位。

（二）大雾的防治措施

第一，应加强气象预报，与当地气象部门建立密切联系，以及时得到雾的信息，转告给沿线驾驶员，减速慢行，并打开雾灯通行。

第二，及时采用可变情报板、可变限速牌，向来往车辆提供雾讯，使其在思想上有所准备，在技术上有所措施。

第三，在多雾小区内或有雾山区的隧道口、大桥上，安装黄色照明灯具，以增强能见度。

第四，在事故高发区的路段（如桥涵、通道等处）埋设路面温度感应器和冰探测器，以观测收集多种路面气象资料。如当路面出现薄冰时，会自动在可变情报板中提醒驾驶员降低车速、保持车距、不准超车等信息，以减少事故的发生。

第五，在有薄冰路段，喷洒盐水或盐砂混合物，以降低路面冰点，增强路面抗滑能力。这种措施费用低，且除冰效果良好。

第六，在未设可变情报板的路上，当出现大雾天气时，可在其进口处设置雾警示牌，并在收费口由收费人员通知驾驶员注意行车安全。

第七，在接近雾区 200 m 处，设立可移动的闪烁式警告标志，并用锥形标和标志牌按规范逐渐变窄车道，降低车速，形成一定间距的车流安全过渡，可防止车辆在刚进入雾区时因紧急制动而发生事故。

第八，在雾天能见度较低的环境开启雾灯，可有效地减少车辆追尾事故发生。高速公路的管理部门、路政人员，应配合公安交警在雾天加强巡逻，监督驾驶员严格保持车距，减速行驶，不得超车。车多时可施行有序疏导的措施，如有事故也可得到及时处理。

第九，在大雾天，为了行车安全，必要时可实行交通管制措施。交通措施可采取全线或分段封闭，也可采取间断放行办法，控制在每分钟放行 4 辆车的办法，以策安全。

雾天行车的注意事项，主要包括：①当能见度在 200 ~ 500 m 时，需开启眩目近光灯、后雾灯和尾灯，速度不超过 80 km/h，与同一车道之前车必须保持 150 m 以上的距离；

②当能见度在 100 ~ 200 m 时，需开启眩目近光灯、后雾灯和尾灯，速度不得超过 60 km/h，与同一车道之前车必须保持 100m 以上的距离；③当能见度在 50 ~ 100 m 时，需开启眩目近光灯、后雾灯和尾灯，速度不得超过 40 km/h，与同一车道之前车必须保持 50 m 以上的距离；④当能见度小于 50 m 时，则采取局部或全部封闭交通的措施。

三、冰冻的危害及防治

在寒冷地区，河水的冻结可能对桥梁的浅桩造成冻拔现象，导致小桥涵形成冰塞，进而引起构造物冻裂。解冻期间，大量流冰对桥梁墩台产生巨大冲击，可能形成冰坝，威胁桥梁安全。当地下水或地面水溢出并在地面或冰面冻结时，会逐层形成涎流冰。涎流冰覆盖道路，可造成行车道不平整，形成冰块或冰槽，严重影响行车安全。若涎流冰堵塞桥孔，可能会挤压上部结构导致损坏。

为防治桥基冻拔，可通过适当增加桩深来实现。针对冰塞现象，除了定期清除涵洞内的冰冻外，必要时可考虑增大孔径和涵底纵坡，或在上游设置聚冰池或冰坝等构造物。

为了避免气温突变导致的流冰对桥梁墩台和桩的冲击，通常可在桥位上游设置破冰体，并在解冻前，在桥位下游通过人工或爆破方法开挖冰池，以疏导流冰。冰池的长度应为河宽的 1 ~ 2 倍，宽度为河宽的 1/4 ~ 1/3，且不得小于最大桥跨的宽度。如果水面宽度小于 30 m，冰池的长度应增加至水面宽度的 5 倍，并在接近冰池下游处开挖 0.5 m 宽的横向冰沟。在紧急情况下，应在下游将冰块凿开并逐一冲入冰层下，而在上游则人工撬开或用炸药炸开流冰以清除。

公路上的涎流冰面积可从数平方米到数千平方米不等，有些甚至可达数万平方米，其厚度一般从数厘米到数米。涎流冰主要分布在中国东北的大小兴安岭和长白山地区，以及西藏、川西和西北地区海拔 2 500 ~ 3 000 m 的山地和高原上。涎流冰可分为河谷涎流冰和山坡涎流冰，前者主要对桥涵构成威胁，后者则主要影响公路路面。

（一）河谷涎流冰

对于河谷涎流冰，可采用以下方法防护。

第一，桥梁上游如有大片地形低洼的荒地，可用土坝截流。

第二，河床纵坡不大的河流，可于入冬初，在桥下游筑土坝，使桥梁上下游各约 50 m 范围形成水池，水面结冰坚实后，在水池部位上游开挖人字形冰沟，以利于集中水源。同时挖开下游河床最深处的土坝，放尽池内存水，保持上下游进出口不被堵塞，使水在冰层下流动。

第三，桥位上下游各 30 ~ 50 m 的水道中部顺流开挖冰沟，用树枝柴草覆盖，再加铺土或雪保温，并经常检修，保持冰沟不被冻塞，于解冻时拆除。

（二）山坡涎流冰

山坡涎流冰的主要防治措施如下。

第一，聚冰沟与聚冰坑。聚冰沟多用于拦截冲积扇沟口处的泉水涎流冰和地势较缓的山坡涎流冰；聚冰坑多用于积聚冰量较小、边坡不高的堑坡涎流冰，不使涎流冰上路。

第二，挡冰墙。挡冰墙适用于涌水量不大的山坡涎流冰和挖方边坡涎流冰，用以阻挡和积聚涎流冰，防止其上路。挡冰墙一般用浆砌片石、块石筑成，高度需根据冰量而定，一般为 60 ~ 120 cm，顶宽 40 ~ 60 cm。基础埋置深度按土质、积冰量及当地冰冻深度等情况确定。当积冰量较大时，可与聚冰坑配合使用。

第三，挡冰堤。挡冰堤适用于地势平坦、涌水量不大的山坡涎流冰和径流量不大的小型沟谷涎流冰。挡冰堤修筑在路基外、山坡地下水露头的下侧或沟谷内桥涵的上游，用以阻挡涎流冰，减小其蔓延的范围。山坡上的涎流冰，可采用柴草、草皮或石砌的长堤予以拦截。在沟谷内一般采用干砌石堤，以利于排水。挡冰堤的长、宽、高和道数按当地的地形及涎流冰数量确定，基础埋置深度按当地土质和冰冻深度而定。

第四，设置地下排水设施。地下排水设施适用于一般寒冷和严寒地区，常用的有集水渗井、渗池、排水暗管和盲沟等。必要时，在出口处设置保温措施或出口集水井。

第五，涎流冰清除。对流至路面的涎流冰，要及时清除，撒布砂、炉渣、矿渣、石屑、碎石等防清材料或氯化钙、氯化钠等盐类防冻剂，以防止行车产生滑溜，并设置明显标志。当冰层在盐类物质和行车作用下变软时，应立即将冰层铲除，以防止降温时重新冻结，并应重撒防滑材料。

四、公路沙害的防治措施

在多风沙地区，沙害是公路常见的病害之一。防沙害应贯彻"预防为主，防治结合；因地制宜，因害设防；先治标，后治本，标本兼治"的原则。以工程措施防治沙害能及时解决路线的通阻问题，是治标的措施。采用工程措施必须从沙丘的特点出发，并根据各地区防护材料来源、性能，做到就地取材、因材施用、力求经济、耐用和便于维修。以植物措施防治沙害，是治本的措施，但应具备一定的条件，且见效时间较长。两种措施的采用，可按地区的自然条件和沙区的特点，区分主与辅，并以主辅相结合的原则进行。

"风沙对公路危害能力定量评价，是沙区道路风沙灾害精准防治的重要基础。"[①] 防治风沙应先调查流沙的移动方式、方向、年移动距离、输沙量、沙丘形态、风向和风速等，并摸清其变化规律，绘制年风向和风速的玫瑰图。根据积累资料，经过综合分析，制定防治风沙的最优方案。

---

① 胡正超，刘洋，李生宇，等.台特玛湖干涸湖盆风沙对公路潜在危害评价 [J].国土与自然资源研究，2018（2）：54−59.

（一）路基风蚀的防护措施

受风力作用，路基表面土层会被风剥蚀，造成路基变窄变低，因此，可将路基表面进行封固，以抵御风蚀。路基防护措施，具体如下。

（1）柴草类防护。用稻草、枝条及草皮等覆盖加固路基表面。

（2）土类防护。用黏性土或天然矿质盐等覆盖路基土表面。

（3）砾卵石类防护。平铺砾卵石或栽砌卵石后填砂砾。

（4）无机结合料防护。用水泥土、石灰土以及水玻璃加固土等封固。

（5）有机结合料防护。用石油沥青土、煤沥青土等封固。

（二）路侧沙害的防护措施

1. 固沙措施

（1）覆盖物固沙。利用柴草、土类和沙砾石等材料覆盖于沙面上来隔离风与沙面的作用。

（2）沙障固沙。用柴草、黏土、树枝等材料设置成沙障，以减小地表风速，削弱风沙流活动能力，并阻挡部分外来流沙，可因地制宜，选用下列沙障。

第一，草方格沙障。在流动沙丘上，将麦草等扎成 1 ~ 2 m 每方的草方格（方格的一边必须与主风向垂直）。这种半隐蔽式沙障，防沙效果良好。

第二，黏土沙障。用黏土碎块在沙丘上堆砌成小土埂。它不但设置简便、耐用，且固沙与保水性能较好。

第三，草把子沙障。将芦苇绑扎成束，铺设于流动沙丘上，将束径的 1/2 埋入沙中，以增加地面的粗糙度来阻止沙丘的移动。

第四，树枝条高立式沙障。用树枝条或芦苇按行列式或格状插入沙内，其外露高度要在 1m 以上，达到削弱风沙活动能力，并阻挡部分路外流沙侵入。

2. 阻沙措施

（1）采用高立式防沙栅栏。

（2）采用挡沙墙（堤）。

（3）采取栅栏与挡沙墙（堤）结合的形式。

3. 输（导）沙措施

（1）修筑路旁平整带。

（2）设下导风板（又称聚风板）。

（3）设有浅槽与风力堤的输沙法。

（4）将路堤作成输沙断面，路堤高度低于 30 cm，边坡坡度采用 1：3；路堤高度大于 30 cm，风向与路线成锐角相交时，边坡坡度采用 1：6。路肩边缘均应作成流线型。

（5）路线与沙垄延长线锐角相交时，可在上风侧 30 ~ 40 m 处设置大体与路线平行、尾部稍向外摆的沙障或导沙堤，将风沙流角度做微小的拨动，以便将风沙流导出路外。

第三节　公路交通安全及沿线设施的养护

交通工程设施作为公路工程的附属设施，主要由道路交通标志、标线、护栏、视线诱导设施、防眩设施、隔离栅等组成。其综合作用是向驾驶员提供有关路况的各种信息，传递交通管理者对驾驶员提出的各种警告、指令、指导及应采取的安全措施，并为车辆提供一定的安全防护保障，保证车辆安全高速行驶。交通安全设施对于保障交通安全至关重要，因此，必须及时进行养护，保证其时刻处于良好的服务状态。

一、公路交通安全设施的养护

交通安全设施包括护栏、防护栅、标柱、反光镜、照明、分隔带、遮光栅、公路交通标志及标线、隔音墙、震颤设施、安全岛等。

（一）交通安全设施养护的基本要求

第一，交通安全设施的养护内容包括检查、保养维护和更新改造。检查包括经常性检查、定期检查、特殊检查和专项检查。平时应加强日常巡查。

第二，经常性检查的频率不少于 1 次 / 月；定期检查的频率不少于 1 次 / 年；遭遇自然灾害、发生交通事故或出现其他异常情况时，应及时进行附加的特殊检查；设施更新改造之后，应进行全面的专项检查。

第三，应结合设施特点，加强对交通安全设施的养护维修和更新改造。

第四，交通安全设施的养护应满足设施完整和外观质量、安装质量、技术性能等各项质量的要求。

第五，因交通事故、自然灾害或其他原因造成的设施损伤应及时进行修复。

第六，采用常青绿篱和绿色植物进行隔离和防眩时，参照《公路养护技术规范》（JTGH 10—2009）中绿化的相关规定进行养护。

第七，对于事故多发路段和一些特殊路段，应结合公路安全保障工程的技术内容，及时改造完善各种交通安全设施。

（二）交通安全设施的检查与养护

1. 护栏

公路中的护栏一般安置在公路的两边，其主要形式有波形护栏、墙式护栏、梁式护栏以及柱式护栏等。其主要作用是避免或者是减轻交通事故的严重性，增加高速路上行车司机的安全感，同时，还是司机视线的向导，指引司机的行车方向。

护栏包括路基护栏和桥梁护栏。路基护栏可分为缆索护栏、波形梁护栏和混凝土护栏。桥梁护栏可分为金属桥梁护栏、钢筋混凝土墙式和梁柱式桥梁护栏、组合式桥梁护栏。不同护栏的养护维修有所不同。

护栏养护的主要内容有：维修护栏上被破坏掉的表面镀层，定期清理护栏四周的杂草和垃圾，补齐一些因自然灾害或者是交通事故而造成的护栏残缺或是锈蚀损害。护栏检查分日常检查和定期检查，检查的主要内容有：各类护栏的损坏或变形情况、立柱和水平构件的紧固状况、油污程度及油漆损坏状况、拉索的松弛程度、护栏及反光膜的缺损情况。

护栏的养护应符合下列要求：

（1）波形梁钢护栏。①保持波形梁钢护栏的结构合理、安全可靠。②护栏板、立柱、柱帽、防阻块（托架）、坚固件等部件应完整、无缺损。③护栏质量符合相关标准要求。④护栏的防腐层应无明显脱落，护栏无锈蚀。⑤护栏板搭接方向正确，螺栓坚固。⑥护栏安装线形顺畅，无明显变形、扭转、倾斜。

（2）水泥混凝土护栏。①保持水泥混凝土护栏线形顺畅、结构合理。②水泥混凝土护栏应无明显裂缝、掉角、破损等缺陷。③水泥混凝土护栏使用的水泥、沙、石、水、外加剂、钢筋等材料质量应符合相关标准、规范及设计要求。④水泥混凝土护栏的几何尺寸、地基强度、埋置深度，以及各块件之间、护栏与基础之间的连接应符合设计要求。

（3）缆索护栏。①缆索护栏各组成部件应无缺损。②缆索护栏各组成部件应无明显变形、倾斜、松动、锈蚀等现象。③缆索护栏使用的缆索、立柱、锚具等材料质量应符合相关标准、规范及设计要求。

2. 隔离栅

隔离栅是为了防止牲畜、行人、非机动车等进入高速公路，一般在高速公路路基以外两边设置的栏栅。对隔离栅应该要定期进行养护及检查等。检查分日常检查和定期检查，检查的主要内容有隔离栅的损坏和变形情况、污秽程度、油漆损坏及金属锈蚀情况。

3. 防眩设施

高速公路中的防眩板是一种挡光设施，它一般被安置在中央分隔带上，从而保护司机不被对面行驶车辆的灯光的眩光所影响，它一般有灌木型、防眩板及防眩网等形式。防眩板的检查包括下列内容。

（1）在日常巡查中，应经常检查遮光栅有无缺损歪斜。

（2）钢质遮光栅有无油漆剥落、锈蚀，支柱有无变形。

保持沿线设施功能完善是日常养护工作的一项重要内容，针对护栏板、隔离栅的维修工作，必须严格按照维修时限进行作业，严格控制维修质量，确保修复后恢复其原来的使用功能。防眩板设施要保持齐全完好，随损随修，整体达到整齐划一的视觉效果。

二、公路交通标志、标线的养护

（一）公路交通标志的类型

公路交通标志是用图形符号和文字传递特定信息，用以管理交通，保证公路交通安全，协助车辆顺利通行的安全设施。公路交通标志包括警示标志、禁令标志、指路标志等主动标志和为表示时间、车辆种类、区域或距离、警告、禁令理由等辅助标志及其他标志。

1. 主标志

（1）警告标志。警告车辆、行人注意危险地点的标志。其颜色为黄底黑边、黑图案，形状为顶角朝上的等边三角形。常有平面交叉路口标志、连续弯道标志、陡坡标志等。

（2）禁令标志。禁止或限制车辆、行人交通行为的标志。其颜色为白底黑圈、红杆、黑图案，形状为圆形、顶角向下的等边三角形。常见的有禁止驶入标志、限制标志、限制高度标志等。

（3）指示标志。指示车辆、行人行进的标志。其颜色为蓝底、白图案，形状为圆形、长方形和正方形。常见的有直行标志、向右行驶标志、准许掉头标志等。

（4）指路标志。传递道路方向、地点、距离信息的标志。其颜色（除里程碑、百米桩、公路界碑外）高速公路为绿底白图案、其他公路为蓝底白图案，形状（除地点识别标志外）为长方形和正方形。常见的有里程碑、分界碑、指路牌等。

（5）旅游标志。

第一，旅游景区（点）道路交通指引标志，提供旅游景区（点）的中文名称、英文名称、旅游项目类别图案，以及前往旅游景区（点）的方向和距离等信息，设在高速公路出口附近及通往旅游景区（点）各连接道路交叉口附近的道路交通指引标志。其可分为旅游景区（点）方向距离标志和旅游景区（点）方向标志两种。

第二，旅游景区（点）方向距离标志。包括旅游项目类别图案、中文名称、英文名称、方向、距离。

第三，旅游景区（点）方向标志。包括旅游项目类别图案、中文名称、英文名称、方向。

2. 辅助标志

辅助标志附设在主标志下，主要起表示时间、车辆种类、区域或距离、警告、禁令理由等辅助说明作用。其颜色为白底、黑字、黑边框，形状为长方形。夜间交通量大的公路，应尽量采用反光标志。属于国际公路和重要的旅游公路，宜同时标注汉英两种文字。

（二）公路交通标志的检查

公路交通标志除在日常巡回时检查其是否受到沿线树木等遮挡以及标志牌、支柱是否受到损伤外，一般还要定期检查，遇有自然灾害或交通事故等，还应进行临时检查。检查包括下列内容。

第一，公路标志牌、支柱变形、损坏、污秽及腐蚀情况。

第二，油漆及反光材料的褪色、剥落情况。

第三，标志牌设置的角度及安装情况。

第四，照明装置情况。

第五，基础或底座情况。

第六，反光标志的反射性能。

第七，缺失情况。

第八，根据公路条件或交通条件的变化，检查公路交通标志的设置地点、指示内容、各标志间的相互位置、标志的高度和尺寸等是否适当。

（三）公路交通标志的养护

公路交通标志的养护，应符合下列要求。

第一，应保持交通标志设置合理、结构安全，版面内容整洁、清晰。

第二，标志板、支柱、连接件、基础等标志部件应完整、无缺损且功能正常。

第三，标志应无明显歪斜、变形，钢构件无明显剥落、锈蚀。

第四，标志面应平整，无明显褪色、污损、起泡、起皱、裂纹、剥落等病害。

第五，标志的图案、字体、颜色等应符合相关标准要求。

第六，反光交通标志应保持良好的夜间视认性。

（四）公路交通标志的维修

公路交通标志的维修，主要包括以下内容。

第一，通过检查，发现公路交通标志出现异常时，应及时恢复到正常状态。

第二，清洗交通标志上的污秽。

第三，有树木等遮蔽时，必须清除阻碍视线的物体或在规定范围内变更标志的设置位置。

第四，定期刷新。

第五，标志牌变形、支柱弯曲、倾斜应尽快修复。

第六，标志牌、支柱损伤、生锈引起油漆剥落，其范围不大时，可对剥落部分重新油漆；油漆严重剥落或褪色，应重新油漆。

第七，标志牌或支柱松动时应及时紧固。

第八，由于锈蚀、破损而造成辨认性能下降或夜间反光标志反射能力降低的标志，应予更换；标志缺失的应及时补充。

第九，设置的标志有类似、重复、影响交通的情况，或设置位置和指示内容不符合时，应进行必要的变更。

另外，为保证车辆、行人安全和施工正常进行，应按国家标准规定设置路栏、锥形交通路标、导向标等告示性和警告性标志。应及时清除和修剪导向标周围的杂草和树枝；保持表面、牌面清洁和油漆或反光材料的完好；标志损坏严重或缺失时，应及时更换或补充。

（五）公路交通标线的养护

公路交通标线是管制和引导交通安全的安全设施。公路交通标线包括：路面上的各种线条、箭头、文字、立面标记、突起路标和轮廓标等所构成的交通安全设施。其作用是管制和引导交通。它既可以与标志配合使用，也可以单独使用。

路面标线的养护要求，主要包括：①具有良好的可视性，边缘整齐，线形流畅，无大面积脱落；②颜色、线形等应符合相关标准要求；③反光标线应保持良好的夜间视认性；④重新画设的标线应与旧标线基本重合。

公路交通标线的养护与修理要点如下。

第一，路面标线污秽，影响辨认性能时，应及时进行清扫或冲洗。

第二，路面标线磨损严重或脱落，影响辨认性能时，应重新喷刷或修复，并注意避免与原标线错位。

第三，进行路面局部修理使路面标线局部缺损或被覆盖，应在路面修理完工后予以修补或喷刷。

第四，养护和修理的主要内容是清除表面污秽，如已褪色或油漆剥落，应及时重新涂漆。

三、公路机电系统设施的养护

公路机电系统设备近年来已呈现出网络化、智能化、信息化和自动化等特点，技术含量高、专业性强，给相应的维护管理工作带来了不少困难。公路机电系统包括监控系统、收费系统、通信系统等。

（一）监控系统

监控系统的主要设备有外场摄像机、车辆检测器、能见度检测仪、气象监测仪、数据光端机、可变情报板、可变限速标志、综合显示墙、综合控制台、事件监测分析仪等设备。

高速公路监控设施是高速公路量测、监视车辆运行状况和运行环境，以及照明、通信、配电设备等的自动控制设备和监视控制运转情况的设备。它可以准确地提供高速公路的运行状况和信息，以便采取相应的措施来管理和诱导交通流，达到最合理地利用高速公路的目的。高速公路监控设施是管理和维护人员的眼睛，它是否能正常工作直接关系到高速公路的安全运行和服务质量的高低。

监控设施的维护可分为日常维护和定期维护。日常维护主要是指自动控制设备、计量仪器的工作状态是否正常以及仪器的校正工作，内容包括仪表、控制设备、输电线路电源以及各种安全保障装置的工作状况；定期对监控系统的地图屏、投影显示屏、计算机系统、区域控制器、匝道控制器、车辆检测器、可变信息标志、闭路电视、气象检测仪，交通调查数据采集设备，照明、风机、消防喷淋等设备的控制系统的工作环境、状态和性能进行检查、检测和维护。

（二）收费系统

收费站是作为收费系统的基础设施存在的，其中，收费站是由服务系统、车道收费系统、紧急报警系统、闭路电视系统、电源系统等组成的。在公路的各级收费站中，其核心的应用设备就是计算机，并且以相应的以太网交换机连成网络。站点所生成的收费数据都会通过计算机网络进行信息的传送，并且最终都会传送到相关运营公司的收费中心。

收费系统的日常维护主要内容包括以下方面。

第一，清洁监控室的控制台、屏幕墙、计算机等主要设备的外表面。

第二，清洁收费车道主要设备（车道控制器、显示器、电动栏杆、费额显示器、摄像枪等）的外表面。

第三，保洁票据打印机，清除打印机内的碎纸屑，定期更换打印色带，给打印机传动部分上润滑油。

第四，清洁电动栏杆机、费额显示器、车道摄像机的外壳。应注意，切勿用水龙头冲洗，避免设备进水。

应定期对收费系统的车道控制器、闭路电视、对讲系统、显示器、键盘、IC（磁）卡发卡机、IC（磁）卡读写器、打印机等收费车道亭内设备，以及电动栏杆机、费额显示器、摄像机、手动栏杆、电源线、雨棚信号灯、车道通信灯、雾灯、车辆检测器、不停车收费系统的路侧读写单元和天线控制器等设备进行检查、检测和维护。

（三）通信系统

高速公路在地理上是一条数十至数百千米长的条形地带或网状区域，管理上是管理中心、分中心路侧监控站和收费场站的沿线点群分布。大量的各类信息需要及时交换，故通信系统成为传输信息、管理信息和交换信息的主要工具。高速公路需要传输的信息按其功能划分为监控系统的检测数据、视频图像、电话、控制指令和信息发布指令等。通信系统利用光纤、电缆的有线传输和无线微波移动通信等多种形式满足收费、交通监控、办公信息化及其他辅助系统的信息传输要求。

通信系统的主要设备有 ADM 传输设备、接入设备 ONU（光网络单元）、接入设备 OLT（光线路终端）、程控交换机、光纤综合接入网、ADM 分插复用设备、服务器等设备。

定期对通信系统的光电缆传输线路、数字传输系统，包括准同步数字系列（PDH）、同步数字系列（SDH）、数字程控交换机、IP 网络设备、紧急电话系统和无线通信系统进行检查、检测和维护。

四、公路服务设施的养护

服务设施包括服务区、停车区和收费站、加油站等的土建及附属设施，以及公共汽车停靠站等设施。

（一）服务区的维护

高速公路服务区主要包括车辆停车场、休息厅、餐厅、商店、公共厕所、加油站、修理站、广场和休息庭院等。通常将休息厅、餐厅和商店等集中设置于主体建筑中，而公共厕所可以附设于主体建筑中，也可以独立设置。服务区的维护至关重要，主要包括以下方面。第一，保持服务区内环境的整洁卫生，及时清除场内杂物，清理、疏通排水设施。

第二，服务区内的路面、房屋、立体交叉、公路标志、标线、绿化、照明、通信等设施的养护维修，按有关规定执行。

第三，协同工商、公安、卫生等部门对服务质量、卫生、治安及价格等方面进行监督检查，发现缺陷时，应及时纠正。

（二）房屋养护原则

养护房屋是基层公路管理部门为进行公路养护和管理建立的生产和生活用房，包括县级公路管理机构，工区（站）道班用房和交通量观测站、养路费、通行费征收站（所）、路政管理机构，泵站用房等。房屋的养护应遵循以下原则。

第一，保持房屋及周围环境的整洁、美观、场地排水畅通。

第二，定期对房屋及围墙进行粉刷或油漆，保持公路养护特色，房屋维修按常规执行。

第三，对沥青加工用房的消防安全设备定期检查、补充、更换。

（三）停车及洗车场的养护

对于停车及洗车场的养护应遵循以下原则。

第一，保持场内整洁，无积水污物，车辆出入畅通。

第二，停车场内出现路面及各种标志、标线损坏时，及时恢复。

第三，洗车场设备完好，水压充足。

（四）加油及维修站的养护

对于加油及维修站的养护应遵循以下原则。

第一，保持场内整洁，各种设备、工具放置有序，保证车辆出入畅通。

第二，加油站严格出入人员防火纪律，认真执行油料装、卸、保存的安全规程，消防设备和器材合格。

第三，维修站保持设备完好、备件齐全。

参考文献

[1] 贾小东.公路工程[M].武汉：华中科技大学出版社，2010.

[2] 李宽.公路工程项目管理[M].武汉：华中科技大学出版社，2018.

[3] 刘壮志.公路工程施工管理与应用探究[M].北京：北京工业大学出版社，2021.

[4] 罗国富，宋阳，刘爱萍.公路工程施工与管理[M].长春：吉林科学技术出版社，2022.

[5] 彭东黎.公路工程招投标与合同管理[M].重庆：重庆大学出版社，2021.

[6] 钱源.公路工程造价编制[M].重庆：重庆大学出版社，2020.

[7] 任传林，王轶君，薛飞.公路工程施工技术[M].长春：吉林科学技术出版社，2019.

[8] 孙强，宋平原，李治国.公路工程施工及其养护管理研究[M].长春：吉林科学技术出版社，2022.

[9] 王磊.公路工程施工与建设[M].长春：吉林科学技术出版社，2021.

[10] 王毅，马学元，王桂珍.公路工程管理与实务研究[M].长春：吉林科学技术出版社，2022.

[11] 王胤，常文华，李智龙.公路工程施工与管理[M].长春：吉林科学技术出版社，2020.

[12] 王振峰，张丽，钱雨辰.公路工程招投标与合同管理[M].武汉：华中科技大学出版社，2020.

[13] 武彦芳.公路工程施工组织设计[M].重庆：重庆大学出版社，2020.

[14] 杨利民，翟志勇，崔云龙.公路工程施工技术建设与创新[M].长春：吉林科学技术出版社，2021.

[15] 周爱成，马运朝.公路养护与管理[M].重庆：重庆大学出版社，2022.

[16] 房栋，徐士启，杨修志，等.公路工程项目施工的进度控制[J].公路交通技术，2004（3）：100-102，105.

[17] 房华.公路工程合同管理在项目成本管理中的作用[J].交通标准化，2013（22）：115-117.

[18] 高颖.公路工程施工进度控制管理研究[J].煤炭技术，2011，30（4）：125-127.

[19] 何磊.基于重大自然灾害的公路应急管理体系探讨[J].公路，2019，64（7）：212-217.

[20] 何龙.公路工程招投标报价中保险费用的合理确定[J].价值工程，2021，40（25）：60-62.

[21] 胡正超，刘洋，李生宇，等.台特玛湖干涸湖盆风沙对公路潜在危害评价 [J]. 国土与自然资源研究，2018（2）：54–59.

[22] 黄智芳.公路工程无标底招标最低价中标的博弈分析 [J]. 公路与汽运，2008（6）：141–143.

[23] 靳卫东，戴文亭，王磊，等.公路工程施工进度计算机辅助管理 [J]. 交通与计算机，2006，24（2）：51–54.

[24] 李德杰.高速公路工程合同管理中的计量支付探讨 [J]. 价值工程，2018，37（21）：46–47.

[25] 李家春，尹超，田伟平，等.中国公路自然灾害易损性评价 [J]. 北京工业大学学报，2015（7）：1067–1072.

[26] 廖建坤.目标成本管理在公路工程施工项目中的运用试析 [J]. 价值工程，2021，40（14）：99–100.

[27] 罗杏春，苗鹤龄，朱云华，等.公路工程项目招投标成本价控制方法研究 [J]. 中外公路，2005，25（1）：105–107.

[28] 潘莲莲.公路工程施工图预算与招标清单预算编制方法的探讨 [J]. 价值工程，2019，38（26）：17–18.

[29] 苏俊东.公路工程合同管理中计量支付工作研究 [J]. 价值工程，2019，38（34）：35–36.

[30] 孙波.公路工程施工进度与施工质量关系 [J]. 价值工程，2011，30（28）：60.

[31] 谭木荣，李拯稷，朱石磊，等.高速公路隧道工程溶洞处置方案施工要点分析 [J]. 工程建设与设计，2024（13）：217–219.

[32] 田小松.高速公路声屏障工程施工作业控制区布置方案介绍 [J]. 公路交通技术，2016，32（6）：171–173，179.

[33] 王坤.公路工程施工项目成本管理存在的问题及其对策 [J]. 价值工程，2022，41（1）：7–9.

[34] 王伟.论高速公路工程项目管理中的合同管理 [J]. 交通标准化，2013（8）：103–105.

[35] 魏鑫.公路工程施工方案对工程造价影响 [J]. 建筑工程技术与设计，2018（14）：5839.

[36] 徐浩.公路工程建设项目成本管理与控制研究 [J]. 价值工程，2022，41（2）：57–59.

[37] 杨平.公路工程施工招标评标的层次分析法 [J]. 四川建筑科学研究，2006，32（1）：154–157.

[38] 于立华.公路工程合同管理在建设单位项目成本管理中的作用 [J]. 价值工程，2020，39（31）：41–42.

[39] 张大明，段广敏 . 公路工程施工方案对工程造价影响分析 [J]. 城市建设理论研究（电子版），2014（18）：917-917.

[40] 张佳 . 公路工程路基施工技术管理方案研究 [J]. 工程技术研究，2021，6（21）：193-194.

[41] 张天雷 . 公路工程项目成本管理策略 [J]. 价值工程，2021，40（10）：82-83.

[42] 张学珍 . 公路工程项目合同管理与成本控制 [J]. 价值工程，2019，38（36）：67-68.

[43] 张艺宝 . 某公路改扩建工程的施工方案选择研究 [J]. 运输经理世界，2023（2）：22-24.

[44] 张毓 . 高速公路绿化工程施工方案 [J]. 黑龙江交通科技，2017，40（7）：30-31.

[45] 赵艳艳，张忠洋 . 浅谈公路工程施工方案与质量管理 [J]. 企业文化（下旬刊），2015（6）：154-154.

[46] 周丁 . 公路工程施工方案对工程造价影响分析 [J]. 价值工程，2012，31（33）：95-96.

[47] 周树金，易鑫，邹澜 . 公路工程项目施工方案风险比选 AHP-GRAM 评价模型研究 [J]. 公路工程，2013（6）：194-197，223.

结束语

随着《公路工程项目管理与养护研究》一书的缓缓落笔，我们不仅完成了一次对公路建设领域深入而细致的探索，更是在这个过程中共同积累了宝贵的知识与经验。本书试图从多维度、多层次剖析公路工程项目管理的精髓与养护技术的奥秘，旨在为读者搭建起一座理论与实践的桥梁，让每一位从业者都能从中汲取到养分，启迪智慧。

回顾这段探索之旅，我们见证了公路建设的日新月异，感受到了科技与管理创新带来的巨大变革。同时，我们也深刻认识到，公路工程项目管理与养护是一项复杂而系统的工程，需要每一位从业者以高度的责任心、精湛的专业技能和不懈的努力去维护其安全与顺畅。

展望未来，随着社会的不断发展和进步，公路事业将面临更加严峻的挑战和更加广阔的发展空间。我们期待，通过本书的出版，能够激发更多从业者对于公路工程项目管理与养护的思考与探索，推动这一领域不断向前发展。同时，我们也相信，只要我们保持学习的热情，勇于创新，敢于担当，就一定能够共同开创公路事业更加美好的明天。